BLAISE CENDRARS, ÉCRIVAIN PROTÉIFORME

Georgiana M.M. Colvile

ISBN: 90-5183-605-8 (CIP)

Printed in The Netherlands

A la mémoire de mon père, à Dina, aux Amis ...

Remerciements

Je tiens à remercier Frédéric-Jacques Temple et les éditeurs de SUD, André Bleikasten et les éditeurs de RANAM, Monique Chefdor, Claude Leroy, les Editions Minard et les Editions Klincksieck, de m'avoir autorisée à republier certains textes dans ce volume.*

Je remercie aussi Sandy Adler pour son incomparable travail de traitement de textes.

*«Cris d'outre-Atlantique: *Les Pâques à New York* de Blaise Cendrars et *Howl* d'Allen Ginsberg» a été publié sous le titre «Deux Phares du vingtième siècle: *Les Pâques à New York* de Blaise Cendrars et *Howl* d'Allen Ginsberg», dans *La Revue des Lettres Modernes, Blaise Cendrars 2, Cendrars et l'Amérique*, textes réunis par Monique Chefdor (Paris: Minard, 1989), 75-95.

«Dan Yack et les machines» a paru dans *Blaise Cendrars 20 ans après*, textes réunis par Claude Leroy (Paris: Klincksieck, 1983), 119-27.

«La Mère Gigogne et le Père Carnaval» figure dans *SUD: Actes du Colloque de Cerisy* (Octobre 1988): 167-85.

«Deux anti-romans (post)modernes: *Dan Yack* de Cendrars et *Second Skin* de John Hawkes» a paru en anglais, sous le titre «Two Islanded Anti-Heroes: Cendrars' Dan Yack and Hawkes' Skipper», dans *RANAM* (Recherches Anglaises et Nord-Américaines de l'Université de Strasbourg) 18 (1985): 213-21.

Préface du directeur de la Collection

La Collection Monographique Rodopi en Littérature Française Contemporaine vise à offrir une série d'études critiques, concises et cependant à la fois élégantes et fondamentales, consacrée aux écrivain/e/s français/es d'aujourd'hui dont l'oeuvre témoigne d'une richesse imaginaire et d'une vérité profonde. La plupart des études, choisissant d'habitude d'embrasser la pleine gamme d'une oeuvre donnée, s'orienteront vers des auteur/e/s dont l'écriture semble exiger tout de suite le geste analytique et synthétique que, je l'espère du moins, la Collection accomplira.

L'oeuvre de Blaise Cendrars est très loin d'être monogénérique. Auteur, certes, de grands recueils poétiques comme *Du monde entier* et *Au coeur du monde*, il est aussi romancier, journaliste, cinéaste et nouvelliste. L'avant-gardisme de Cendrars ne se limite pourtant pas à une multiplication de pratiques pour ainsi dire juxtaposées, dans la mesure où chacun de ses livres trahit le caractère transgressif, inter- ou trans-générique, protéiforme de ses multiples fascinations et modes créateurs. Voici une oeuvre où s'interpénètrent et se complètent poésie et document, jeu et haut sérieux, fantasme, même voyance, et critique sociale, émerveillement et je-m'en-foutisme, postmodernisme et nostalgie des "choses du simple", dérive et discipline. Jusqu'ici la grande richesse, la vision fourmillante, de Cendrars n'a jamais été pleinement appréciée, reconnue. L'étude de Georgiana Colvile, perspicace, constamment renouvelée à la lumière des différents défis relevés, toujours riche et sensible, nous invite une fois pour toutes à plonger dans l'univers cendrarsien pour en reconnaître la délicatesse et la vigueur, la pertinence et l'originalité.

Michael Bishop
Halifax, Nouvelle-Ecosse
Canada
mars 1994

Introduction

> . . . il en est qui ont le privilège de passer par plusieurs aspects; c'est le cas pour toi, habitant de la mer qui étreint la terre, ô Protée: car on t'a vu tantôt jeune homme, tantôt lion; tu étais tour à tour un impétueux sanglier ou un serpent au contact redoutable, ou bien des cornes faisaient de toi un taureau; souvent tu pouvais prendre l'aspect d'une pierre, souvent aussi celle d'un arbre. Certains jours, te transformant à l'image de l'eau fluide, tu étais un fleuve, certains autres, le feu qui combat l'eau.
> Ovide, *Les Métamorphoses VIII/488-489* (224)

> Ce diable de Cendrars, il était partout [. . .] non moins chez lui à Greenwich Village qu'à Paris.
> Paul Morand, préface à *Du Monde entier* (9)

> Je voudrais pouvoir appeler tous mes personnages par leur nom. C'est tellement mieux. J'ai l'impression de tailler en pleine chair de la réalité. Je suis fatigué du fictif.
> Blaise Cendrars[1]

Blaise Cendrars, né Frédéric (Freddy) Sauser à La Chaux-de-Fonds en Suisse en 1887, demeure l'un des plus inclassables et des plus difficiles à définir des écrivains modernes de langue française. L'image que nous laissent tant de photos du vieux Cendrars manchot avec son éternel mégot, son visage buriné et son accent de Neuchâtel, loup de mer et bourlingueur infatigable dans sa jeunesse, puis ancré à la terre française où il vivait l'aventure toujours renouvelée de l'écriture, évoque irrésistiblement «Protée aux formes changeantes» (Ovide 65). Ce personnage mythologique, «divinité secondaire de la mer»[2], ne payait pas de mine mais il cachait sous son physique ingrat et son caractère bougon un merveilleux don divinatoire et la capacité magique de se métamorphoser à volonté.

L'oeuvre de Cendrars, éternelle fontaine de Narcisse, où se reflète toute une gamme d'images spéculaires, du monstre marin à la naïade, consiste en auto-portraits toujours recommencés, depuis le foetus in utero:

Le dos tordu en spirale
Les oreilles pleines les yeux vides

Tout recroquevillé tendu
La tête presque hors de ton corps
(«Le Ventre de ma mère» 116)

à la mort personnifiée par Thérèse Eglantine, la vieille comédienne obscène du dernier roman, *Emmène-moi au bout du monde!* (1956), chant du cygne de l'auteur et de la protagoniste. Ses personnages, très différents les uns des autres, incarnent tous un aspect de L'écrivain.

Pour lui, poésie reste synonyme de jeunesse, de l'adolescence fiévreuse de ses grands poèmes lyriques et nostalgiques, *La Prose du Transsibérien* (1913) et *Les Pâques à New York* (1912):

Et j'étais déjà si mauvais poète
Que je ne savais pas aller jusqu'au bout
(«La Prose du Transsibérien et de la Petite Jeanne de France», *Du Monde entier* 27)

Ce poète impatient, si proche de l'Apollinaire d'*Alcools*, porte encore les marques de ses lectures, traces des poètes maudits, des romantiques et de Villon, tout en tendant vers l'avenir du Surréalisme et de la Beat Generation sous le signe de Walt Whitman. Comme Rimbaud, Cendrars s'arrêta très tôt d'écrire de la poésie, non sans avoir produit quelques-uns des plus beaux poèmes du vingtième siècle. Il demeura essayiste, romancier, scénariste, conteur, nouvelliste, journaliste et tandis qu'il luttait pour vivre de sa plume, le regard d'enfant terrible du poète ne cessa jamais de colorer sa prose. L'ouverture du récit autobiographique *Vol-à-voile* (1931):

A quinze ans, on a les yeux plus gros que le ventre.
Et j'étais gourmand!

semble caractériser, jusqu'à la fin, la pulsion créatrice d'un auteur toujours en quête de formes nouvelles.

Les essais qui composent ce volume ont été groupés par genre, sous trois rubriques représentant les trois rôles principaux de Cendrars/Protée: le Poète, le Romancier et le Journaliste. Cet ensemble de textes tente de donner une idée de la diversité parfois déroutante de l'oeuvre cendrarsienne, sans chercher à établir d'inventaire exhaustif.

La section sur «Le Poète» commence par une analyse de «Ma Danse» (1914), le cinquième des *Dix-neuf Poèmes élastiques*, texte court où Cendrars esquisse un art poétique. Le poète protagoniste fait le vide autour de lui, rejetant toute influence, puis se précipite lui-même dans ce vide, pour se dissoudre en mouvement pur, de sorte que son écriture devient chorégraphie, puis cinéma . . . Une première version de ce texte inédit a fait l'objet d'une conférence en anglais au Congrès du Modern Language Association à Chicago en 1977.

Suit une lecture comparative du long poème de Cendrars *Les Pâques à New York* (1912) et du célèbre poème/manifeste «Beat» *Howl* (1955) d'Allen Ginsberg. On y retrouvera le parcours futur-antérieur de Cendrars dans le temps, son regard vers les poètes du passé, sa modernité ambiguë, son anticipation de la postmodernité. S'y profilent aussi les villes palimpsestes des *Pâques*, New York et Saint Pétersbourg, perçues en fondu enchaîné, au gré des souvenirs de voyage du poète, de l'expérience du présent de la narration et de son imagination. Tout un réseau de rapports entre l'ancien et le nouveau monde se tisse d'un poème à l'autre, dans le temps, dans l'espace et par la voix des deux jeunes écrivains iconoclastes, qui, à plus de soixante ans d'intervalle, de part et d'autre de l'Atlantique, se ressemblent étonnamment. Cet article a d'abord été publié en 1989 dans *La Revue des Lettres Modernes, Blaise Cendrars 2, Cendrars et l'Amérique*, textes réunis par Monique Chefdor.

La section sur «Le Romancier» privilégie les deux volumes de *Dan Yack*, roman encore scandaleusement méconnu, composé entre 1917 et 1929 dans dix-sept sites différents de France, de Belgique et du Brésil. Les trois textes sur le roman concernent *Le Plan de l'Aiguille* et *Les Confessions de Dan Yack*, mais seul le premier, «Dan Yack et les machines», les traite exclusivement. Publié pour la première fois dans *Blaise Cendrars 20 ans après* (1983), cette étude examine la fascination qu'exerçaient alors sur Cendrars, et sur son protagoniste Dan Yack, la technologie et les machines, fascination transposée dans son écriture, au niveau formel. Le deuxième volume commence par une note/leurre:

> Ce livre deuxième n'a jamais été écrit.
> Il a été entièrement dicté au dictaphone

Par le processus auto-érotique d'enregistrer ses mémoires, en y incorporant le journal de sa femme décédée, Mireille, Dan Yack reproduit un dispositif duchampesque de machines célibataires, où la trajectoire de l'écriture imite celles des alchimistes, désireux de reconstituer l'androgyne dans leurs alambics. Aliéné par ses expériences de la guerre de 1914-18, le personnage de Dan Yack se prête bien à la «schizoanalyse» de Deleuze et Guattari, ce qui souligne la tendance qu'a Cendrars à se tourner vers le passé, tout en annonçant un avenir postmoderne.

Le second essai, «La Mère Gigogne et le Père Carnaval», qui a d'abord paru dans les actes du Centenaire Cendrars de 1987 à Cerisy La Salle (*SUD*, 1988), propose une lecture psychanalytique de trois romans majeurs de Cendrars: *Moravagine* (1926), *Dan Yack* (1917-1229) et *Emmène-moi au bout du monde!* (1956). Ce travail aboutit, avec le dernier roman, à l'application d'une théorie carnavalesque plus inspirée de Claude Gaignebet que de Bakhtine: évolution du corpus cendrarsien, parade des personnages et masques changeants de l'auteur implicite.

Le dernier texte consacré à la partie, «Deux anti-romans (post-)modernes», porte sur *Dan Yack*, et principalement sur *Les Confessions* et, dans le même esprit que l'analyse des *Pâques* et de *Howl*, établit une comparaison avec le roman postmoderne de l'Américain John Hawkes, *Second Skin* (1964). Une fois de plus, les ressemblances sont surprenantes, et Cendrars s'avère être très en avance sur son temps. L'interdisciplinaire fait irruption dans les deux livres, sous la forme du cinéma chez Cendrars et de la photographie chez Hawkes; le visuel devient un facteur influent du style et de l'expression écrite. L'optimisme des deux protagonistes clownesques est sous-tendue par une tendance suicidaire, qu'entraînent les souvenirs d'une enfance malheureuse et les séquelles d'une guerre mal vécue, mais finit par triompher. Cendrars a bien connu Dos Passos et Henry Miller: «l'âge du roman américain» commence . . .

La troisième section, «Le Journaliste», consiste d'un seul long article: «Feuille de houx/oeil de fou: le *Hollywood* de Blaise Cendrars». Il examine de près l'un des plus fous, des plus fouillés et des plus suspects des écrits de Cendrars, *Hollywood, la mecque du cinéma* (1936), reportage que Pierre Lazareff lui avait demandé pour *Paris-Soir*. Protée-reporteur s'est-il vraiment rendu sur les lieux ou a-t-il glané ses renseignements plus que fantasques au hasard des rayons de bibliothèques? Mon article ne saurait fournir la réponse à cette question, mais il tente de dégager l'originalité d'un texte où l'imaginaire et l'onirique font bon ménage avec l'érudition. C'est précisément cette approche anti-conventionnelle et hétéroclite qui donne une idée finalement assez juste d'une ville synthétique et indescriptible dont le nom signifie bien «bois de houx». En le décodant de diverses manières et en le comparant à d'autres textes, pour la plupart américains, sur la métropole des stars, on s'aperçoit que Cendrars était doté d'une intuition extraordinaire face aux lieux, provenant souvent de sa façon de mélanger sans vergogne les faits vrais et les détails minutieusement recherchés, avec les pires mensonges ou les fantasmes les plus fous. Cendrars faisait un reportage comme il écrivait un poème ou un roman, avec la même difficulté, la même réticence que celle de Protée, lorsqu'on demandait à ce dernier de prédire l'avenir.

Même si Cendrars fait preuve de certaines affinités avec ses contemporains, on ne peut l'enfermer dans aucune école, ni l'assimiler à ce que les Américains appellent le «Canon». S'il s'associe de temps en temps et de loin en loin à leurs revues, Cendrars n'est ni cubiste, ni surréaliste; il est moderne, avec un oeil de cinéaste, une sensibilité de poète doublée d'une compréhension picturale des formes et des couleurs et manie une plume dont le vagabondage (parfois «spécial») d'un livre à l'autre, d'un genre à l'autre, transforme l'encre en hologramme et jette l'ancre de l'écriture sur l'île de Protée.

Comme les menus extravagants qui viennent clore *Du Monde entier*, le petit volume que voici a pour principale ambition de mettre le lecteur en appétit, d'attiser son désir de s'attarder à la table de Blaise. La plus belle métaphore pour l'élixir de l'écriture, plus protéenne que jamais, émane du passage de *Bourlinguer*, où le narrateur/auteur initie un ami étranger (le parfait lecteur crédule) aux plaisirs multiples et variés que procurent les innombrables alcools de France, de Navarre ou d'ailleurs, rue de Rivoli, chez la Veuve Moreau. La liste en est si longue que je me bornerai à citer la partie sur les fruits:

> [. . .] les pêches à la fine champagne, les cerises à l'eau-de-vie, les quetsches, les mirabelles, les reines-claudes chatoyant dans l'alcool de framboise, l'alcool de fraise, l'alcool de myrtille, les grains de raisin mûrissant dans leur marc de bourgogne, les pruneaux d'Agen tout ruisselants de vieil armagnac et les brugnons imbibés de cherry-brandy; mais ce qui déchaîna l'ivrogne glouton qui avait voulu goûter à toutes ces gourmandises [. . .] ce fut de découvrir tout à coup la carafe de calvados avec, à l'intérieur, une bergamote en suspension. L'Irlandais n'arrivait pas à comprendre comment on avait pu introduire cette poire charnue par le goulot étranglé. (310-11)

La découverte de Cendrars et de son corpus hétéroclite, comme celui des secrets de Protée, passe par l'ivresse.

Georgiana M.M. Colvile
Aix-en-Provence, août 1993

LE POÈTE

«Ma Danse»: Art poétique et mouvement perpétuel

Une porte s'ouvre et . . .
Maurice Béjart (210)[1]

Le rigodon qu'est tout!
perlipopette que ça saute!
Louis-Ferdinand Céline (315)

Neither from nor towards; at the still point,
there the dance is,
But neither arrest nor movement. And do not
call it fixity,
Where present and future are gathered.
T.S. Eliot (191)

«Ma Danse»[2], le cinquième des «Dix-neuf Poèmes élastiques» (1919) de Blaise Cendrars, parut d'abord dans *Montjoie!* en 1914. L'un des plus flexibles d'une collection de poèmes imprégnés des autres arts, «Ma Danse» peut se lire en tant qu'art poétique paradoxal et étonnamment «moderne», point de rencontre entre la poésie et la technologie:

5. Ma Danse

Platon n'accorde pas droit de cité au poète
Juif errant
Don Juan métaphysique
Les amis, les proches
Tu n'as plus de coutumes et pas encore d'habitudes
Il faut échapper à la tyrannie des revues
Littérature
vie pauvre
Orgueil déplacé
Masque
La femme, la danse que Nietzsche a voulu nous apprendre à danser
La femme
Mais l'ironie?

Va-et-vient continuel
Vagabondage spécial
Tous les hommes, tous les pays
C'est ainsi que tu n'es plus à charge
Tu ne te fais plus sentir . . .

Je suis un monsieur qui en des express fabuleux traverse les
    toujours mêmes Europes et regarde découragé par la portière
Le paysage ne m'intéresse plus
Mais la danse du paysage
Danse-paysage
Paritatitata
je tout-tourne

Un glissement pervers, à un niveau purement phonologique, du français à l'anglais, donnerait «mad dance», danse folle, nouvel intitulé qui décrit assez bien l'aspect nietzschéen du poème: «. . . il y a toujours un peu de raison dans la folie» (Nietzsche, *Zarathoustra* 45) et un grain de folie dans la pensée cendrarsienne. Un deuxième glissement de la chorégraphie du poème associe les permutations ludiques du «je» en «jeu» et vice versa à la configuration «I»/«eye» («je»/«oeil») en anglais, mettant l'accent sur le côté visuel des vers de Cendrars.

«Ma danse» est un texte révolutionnaire, autant dans le sens géométrique de «rotation complète d'un corps mobile autour de son axe» (*Petit Robert*) que dans celui, plus courant, de la révolte. Tout comme son contemporain et ami, le peintre Robert Delaunay, qui avait inventé un système de juxtaposition de disques colorés pour traduire sur la toile les concepts de rythme, de mouvement et de motilité, Cendrars fait accélérer son train de pensée en l'attachant à une *logomotive*, qui aura tendance à vouloir quitter les rails du logos, pour gagner la voie du mouvement perpétuel. Elle finit par prendre son envol et par se dissoudre en image mouvante, là où le poétique devient cinématographique. Que signifie une telle métamorphose?

Examinons d'abord les *embrayeurs*, selon le terme de Roman Jakobson, puisqu'il semble n'y avoir qu'un seul et unique sujet/objet, qui se transforme au gré de l'écriture, tout au long du poème. Voici comment s'organisent les pronoms et substantifs:

Ma
Juif errant (il)
Don Juan (il)
Les amis, les proches (ils)
Tu
Il
La femme (elle)....nous
La femme (elle)

Tous les hommes (ils)
Tu

Je . . . un monsieur (il)

Je

Un cercle s'est complété de «Ma» à «Je». Le circuit des embrayeurs passe par toutes les personnes sauf la deuxième du pluriel, allant du destinateur au destinataire, du masculin au féminin, du singulier au pluriel, de l'inclusif à l'exclusif et vice versa. La syntaxe se fait l'écho de la dissémination schizophrénique du moi en *objets partiels*, qui ne sont reliés entre eux que par leur motilité même. L'auteur se trouve à la fois (auto-)*projeté* et *introjecté*[3] par son personnage; le«I/eye» du poète devient simultanément narrateur narrant, narrateur narré et narrataire.

Le schéma que forment les verbes du poème s'avère tout aussi changeant. Il y en a relativement peu, le poème étant surtout composé d'un long chapelet de substantifs, pour la plupart synonymes de *poète* ou de *poésie* sur l'axe métaphorique, alors que sur l'axe métonymique, ils remplacent souvent des phrases complètes:

n'accorde pas
n'as plus
il faut échapper
a voulu
n'es plus
ne te fais plus sentir
Je suis
traverse
ne m'intéresse plus
Je tout-tourne

On remarquera que ces verbes sont tous au présent de l'indicatif, sauf «a voulu», passé composé qui relie le passé au présent, tandis que «n'accorde pas», présent de narration, fait allusion au passé. Ce présent, qui traverse le poème au rythme de la lecture, progresse dans le temps de Platon à Cendrars, puis devient motilité pure, évoquant ainsi le concept nietzschéen de l'Histoire, où passé et futur se confondent en un éternel présent. Comme le «Je», le présent se dérobe continuellement, au point de ne plus jamais exister qu'en s'estompant vers le passé ou en cédant la place à l'avenir; le discours poétique de Cendrars, toujours en mouvement, exécute des pas de danse, cherchant à combler ce vide, cette absence, que signifient le *moi* et le *maintenant*.

Du point de vue sémantique, les verbes esquissent un autre type de mouvement. Le titre «Ma Danse» et le vers final «Je tout-tourne» forment deux cercles concentriques en révolution (rotation):

«Ma—Je»
et «Danse—tourne».

Encore comme sur les toiles simultanées de Delaunay, de petits cercles tournoient et se multiplient à l'intérieur d'autres cercles plus grands. Par exemple, quatre des verbes au négatif sont conjugués avec «ne . . . plus», ce qui produit une autre forme de fusion entre passé et présent, en faisant glisser l'action vers le passé et sa négation vers le présent, mouvements indicateurs d'une série de mutations ou de changements d'état. «Traverse» et «tourne», tous deux projetés en avant par une plosive initiale, indiquent un déplacement dans l'espace. Il en va de même pour «échapper» et pour les composantes verbales du nom «va-et-vient». Les verbes de volition «il faut» et «a voulu» désignent un désir de mouvement ou de changement d'état. La phrase pivot «je suis» crée un pas de deux sémantique entre le verbe *être* et le verbe *suivre*, ce qui donne une configuration spéculaire d'une part entre «je» et «un monsieur» et d'autre part entre «je suis» (être) et «je suis» (suivre): je suis, donc je me suis et je m'écris.

Le moi spéculaire ou *l'imago*, selon la théorie de Lacan, c'est à la fois moi et l'autre. Le poète sujet du long vers qui commence la troisième strophe observe de l'extérieur son alter ego, «un monsieur», qui regarde («découragé») de l'intérieur, par la fenêtre du train, passer le paysage, cliché par excellence de l'auto-contemplation poétique, reflet de l'âme du poète. Dans la vitre, il doit forcément voir sa propre image, superposée au paysage, comme en fondu enchaîné. La danse du paysage ne peut être qu'un mirage, puisque seul le train bouge. Le poète, regardant vers le dedans à la manière d'un voyeur, se verra également reflété dans la vitre, formant une sorte de palimpseste visuel en transparence avec son autre image, celle du «monsieur». «Découragé», suivi de «ne m'intéresse plus», semble désigner une fusion entre le moi et l'autre, entre le poète et le monsieur. Leur rencontre duchampesque a lieu à l'intérieur du verre translucide, espace éphémère de fiction poétique et de différ*a*nce derridienne.

Le symbole phallique du train paraît évident. Le poète solitaire, debout, s'érige en monument au moi, et pourtant il est pris dans un mouvement perpétuel, personnifiant le «va-et-vient continuel» d'une machine célibataire fictive. La femme, l'objet le plus prévisible de son désir, figure deux fois dans le poème, cadrant ou contenant curieusement le long vers qui s'élance vers la droite de la page:

«La danse que Nietzsche a voulu nous apprendre à danser».

Ce schéma érotique, graphique et sémantique, se reproduit une deuxième fois, dans le vers encore plus interminable «je suis un monsieur», etc. Les femmes, comme «les Europes», demeurent des lieux de passage/passade. Le train est une métaphore pour le poète lui-même, tout en représentant le véhicule qui le transporte. Le vers en question, le plus long du poème et qui contient l'image du train, a trente six syllabes, chiffre qui en langue familière connote l'innombrable.

Pour Nietzsche, l'homme sera guerrier et la femme sera mère, mais les deux sexes savent danser, et la danse constitue le point de rencontre du masculin et du féminin pour le poète de Cendrars. Chez Nietzsche l'éternel féminin représente la nature faible et équivoque du poète. Dans le *Faust* de Goethe, l'éternel féminin sera le salut de l'homme. Le poète de «Ma Danse» introjecte la femme en tant qu'objet partiel, afin de retrouver sa propre identité d'hermaphrodite. Plus tard, avec son roman *Bourlinguer*, Cendrars se référera à «la part du féminin dans l'écriture» (361), en tant qu'élément de séduction indépendant de l'écrivain et de son oeuvre, qui communique au lecteur une passion de l'imaginaire: «c'est de la magie».

Un autre schéma binaire, à connotation sexuelle, se trouve dans le vers «Vagabondage spécial», terme qui signifie en jargon juridique, jusqu'en 1917, «délit par lequel une personne aide, assiste ou protège le racolage en vue de la prostitution, pour en tirer profit» (*Petit Robert*). Une parfaite symétrie s'instaure entre la deuxième strophe, qui s'ouvre avec «Vagabondage spécial», et la partie de la première strophe commençant par «Juif errant» et finissant avec «La tyrannie des revues»; le poète s'y manifeste à la deuxième personne du singulier, en tant que destinataire, à la fin de chacun de ces fragments. «Vagabondage spécial» s'associe à «Don Juan métaphysique», vers qui fait écho à une voix-off intertextuelle, celle du *Neveu de Rameau* de Diderot: «mes pensées sont mes catins» (23). Déjà homme et femme, le poète se présente aussi comme proxénète et prostituée. Sa danse s'exécute sous le signe de la réversibilité, sans rôles fixes. Le mot «masque», isolé, qui précède le premier «la femme» et suit «orgueil déplacé», pourrait se référer à l'un, à l'autre, aux deux ou à autre chose, comme plusieurs des signifiants indéterminés du poème. Un masque peut s'enlever, aussi celui-ci annonce-t-il tout le processus de dépouillement du poème, auquel je reviendrai.

Le texte se divise donc en trois strophes, à double interligne. Une autre division, placée après le long vers sur le monsieur dans les express, sépare le «Je» de ce vers-là des autres pronoms à la première personne de la dernière partie du poème.

Le vers qui commence «Je suis un monsieur . . .» positionne le poète comme vu de l'extérieur par les autres (lecteurs, critiques etc.): il s'est installé dans son propre mythe. Le vers et le mythe en question se réfèrent au long poème de Cendrars, «La Prose du Transsibérien et de la Petite Jeanne de France», oeuvre inspirée des voyages de jeunesse de Cendrars à travers la Russie, ainsi que de ses débuts de poète et de ses premières expériences sexuelles. Le ton poétique de «Ma danse» est ironique, et le «monsieur» blasé ressemble bien peu à l'adolescent fiévreux du «Transsibérien», seul le train les rapproche. Le poète de «Ma Danse» se range du côté des critiques, en rejetant l'image de lui-même qu'ils tournent en dérision.

Paradoxalement, le poète cherche sa propre voix/voie, à travers un processus d'élimination. La philosophie traditionnelle, représentée ici par Platon, dénigre le discours poétique comme inapplicable à la quête de la vérité, objectif principal du discours philosophique. Ce dernier commence là où s'arrête le poète. Philosophe rebelle, Nietzsche propose un point de vue plus ambigu: tout en rejetant le poète comme menteur efféminé à éviter, il estime que la prose a besoin de se maintenir en conflit avec la poésie, afin de continuer à évoluer, y accordant ainsi une valeur négative. En outre, dans la recommandation qu'il fait d'un ton complice aux philosophes dans *Le Gai Savoir*, où il utilise le «nous» inclusif, Nietzsche maintient que tout philosophe se doit d'être voyageur et de quitter la ville (407), le mettant ainsi sur le même plan que le poète de Platon. Il se rapproche davantage de Cendrars lorsqu'il suggère que c'est avant tout par l'indépendance, par le «va-et-vient continuel» et par les voyages, que l'esprit se développe: cette idée nous ramène à l'hermaphrodite, au «perpetuum mobile» et au monsieur du train. Le texte de Nietzsche atteint son apogée à travers la danse: tout bon philosophe ne doit aspirer qu'à devenir un danseur accompli, car la danse représente le seul idéal, le seul art, la seule religion. Le discours philosophique de Nietzsche est truffé de métaphores poétiques et par ce fait pervertit sa quête de la vérité. Par contre, le discours poétique de Cendrars non seulement inclut des références aux philosophes, mais esquisse une philosophie personnelle, après avoir écarté un certain nombre de mythes traditionnellement attribués aux poètes. Le conflit entre la poésie et la prose, préconisé par Nietzsche, s'inscrit dans «Ma Danse»: le long vers «Je suis un monsieur . . .» se lit comme une longue phrase en prose, cadrée par deux phrases inachevées en vers.

A mon avis, Nietzsche et ses propos sur la danse constituent ici l'influence intertextuelle la plus importante, qui finira cependant, comme les autres, par être expulsée du poème. L'unique verbe au passé se réfère à Nietzsche, qui «a voulu» nous apprendre à danser, idée que Cendrars s'approprie et transforme en «(S)a Danse» personnelle. Comme l'indiquent le titre et le vers «la danse du paysage», la danse de Cendrars dépasse celle de Nietzsche. Platon, qui bannit le poète de la cité, sera le premier banni du poème. La plupart des clichés et des références culturelles concernent *le poète* en général, en tant que destinateur (je), protagoniste (il) et destinataire (tu). Ce poète et ses problèmes se trouvent écartés à leur tour par un processus systématique d'énumération/élimination, sorte de «strip-tease» du poème. «Tu» se dissout en «je» après le vers «tu ne te fais plus sentir», dont le sens désigne le processus en question. Finalement, Cendrars exorcise son propre mythe: «Je suis un monsieur . . . portière».

Le mot «portière» (du train) s'ouvre sur un nouveau présent, essence du «je» qui demeure, dépouillé de connotations et même de dénotations. Paradoxalement, le poète ne retient que ce qui ne peut être ni retenu ni immobilisé: après la disparition du paysage ne reste que le mouvement pur. Comme s'il se jetait par la portière du train dans un élan d'énergie subite, le poète/sujet (je) s'expulse lui-même de son poème. Après «la danse du paysage», la grammaire sera également chassée du texte, tandis que le logos en délire se mêle à la musique et à la danse. D'abord la «danse du paysage» s'accélère puis se concentre en un seul substantif «Danse-paysage». Le vers suivant, «Paritatitata», sans référent spécifique, peut se lire en tant que rythme pur; on remarquera aussi dans les deux premières syllabes le jeu de mots entre «Paris» et «pari», qu'Apollinaire reprendra en 1917 pour *Les Mamelles de Tirésias*. Le poète, même installé à Paris (le seul habitat stable de Cendrars), y tourne en rond pour ainsi dire, et/ou il fait un pari avec lui-même. Le nouveau «moi» du poète, le je/jeu ou I/eye du sujet, se perd dans la danse d'un monde en révolution: le vers de clôture «Je tout-tourne» a d'abord un double sujet, mais «Je» sera vite absorbé par «tout». Le perpetuum mobile domine et l'humain cède le pas au mécanique en fin de parcours.

Un automatisme analogue se manifeste dans le travail des Futuristes, dans les machines non utilitaires de Picabia, Duchamp et Man Ray, dans les mobiles de Calder, dans l'écriture automatique des Surréalistes, entre autres formes d'expression de l'Avant-garde. Le dix-huitième «poème élastique» de Cendrars commence ainsi:

> La guillotine est le chef-d'oeuvre de l'art plastique
> Son déclic
> Crée le mouvement perpétuel

Le ton provocateur de ces vers rappelle celui des manifestes futuristes, il en émane également une étrange pulsion de mort: en décapitant l'image de l'artiste et toutes ses connotations, *la faux* de la mort coupe et élimine *le faux*[4]. Ce faisant, le mouvement et les réverbérations de la lame nue créent une forme d'art pur, à base d'énergie et de mouvement. Comme dirait Nietzsche, «tuons l'esprit de lourdeur» (*Zarathoustra* 46)[5].

«Ma Danse» se termine sur le mot «tourne», et le lecteur se tournera, re-tournera vers le commencement, qu'il relira différemment, peut-être de façon plus pertinente. A l'époque de «Ma Danse», Cendrars s'intéressait beaucoup au cinéma, médium qui combine l'art et la technologie. Une lecture cinématographique du poème assimile l'oeil du poète (I/eye) à celui de la caméra, et le septième art se rapproche plus qu'aucun autre de l'objectif de mouvement pur. La structure du texte présente certains aspects cinématographiques: le long chapelet de substantifs ressemble à une série de plans, dont des gros-plans: «la femme», «je suis un monsieur . . .», et ils s'organisent en séquences, comme dans la deuxième strophe, par exemple. On y discerne aussi des «panoramiques» et des «travellings»: la danse, le train. Le cinéaste Jean Epstein, qui avait connu Cendrars, a cité «Ma Danse» dans son premier ouvrage théorique sur le cinéma, *Bonjour cinéma*: (1921):

> La danse du paysage est photogénique. Par la fenêtre du wagon, le hublot du navire, le monde acquiert une vitalité nouvelle, cinématographique. (94)

Ici le sens de «la danse du paysage» devient très précis: il s'agit d'un décor changeant, filmé depuis un train en marche; la danse sera captée pour toujours, puis répétée à l'infini. Alors que la langue se désagrège à la fin du poème, l'image s'apprête à naître. Le poète se fait en même temps metteur en scène, acteur et spectateur, tandis que l'espace éternellement différé de l'image se projette sur un écran intérieur. Selon Walter Benjamin:

> le sentiment d'étrangeté qui envahit l'acteur devant la caméra, tel que le décrit Pirandello, s'apparente fondamentalement à l'impression d'aliénation qu'on a en apercevant sa propre image dans une glace[6]. (231)

Bref, le poète se voit comme poète-image dans le miroir de son propre poème, à la manière de Dziga Vertov filmant un homme en train de filmer, dans son film célèbre *L'Homme à la caméra* (1929).

Il est évident que les références au cinéma et à la danse à la fin du poème demeurent métaphoriques. D'après Derrida, il faudrait choisir entre *l'écriture* et la danse (48); puis, n'en déplaise à Nietzsche, tout écrivain a besoin d'apprendre son métier. Et pourtant, une nouvelle *portière* semble s'ouvrir, au cours des trois dernières lignes, alors que la syntaxe commence à s'éclipser et que le poème arrive à sa conclusion, faisant place à l'oeil de la caméra ou au «ciné-oeil» de Vertov. Christian Metz nous explique que chaque film se produit puis se projette au moyen d'une série de machines: caméras, projecteurs, bobines, écrans, y compris une panoplie de miroirs, d'objectifs, d'éclairages, etc. Ces outils mêmes, comme l'écriture rythmée du poème de Cendrars, constituent une série de métaphores (et de fétiches) pour la pensée qui les anime.

«Ma Danse» se lit très bien en tant qu'art poétique d'un point de vue narcissique. Le poème est écrit pour/par le poète qui s'y perd, puis renaît dans un avenir imaginaire, où une poétique de la danse se projette sur un écran invisible. Cendrars semble également vouloir adresser un message aux autres poètes, fondé sur sa propre expérience et sur ses désirs les plus chers: «faites du cinéma plutôt que de la poésie», dirait-il . . . L'homme moderne possède un regard tout neuf:

> . . . dont le cinéma a doté l'homme. Et cet oeil est plus merveilleux, bien qu'arbitraire, que l'oeil à facettes de la mouche. («L'ABC du Cinéma» 162)

Pour revenir aux concepts de cercles et de facettes, presque chaque vers et chaque schéma binaire dans «Ma Danse» est relié au vers-clé «Mais l'ironie?», situé exactement au milieu du texte, précédé et suivi de douze vers, constituant ainsi l'axe du poème. Le sens de ce vers est placé, une fois de plus, sous le signe de la réversibilité et des contraires, ce qui confirme qu'aucune interprétation d'un poème aussi mobile et «révolutionnaire» ne saurait être arbitraire. Le métatexte que voici ne représente qu'un masque de plus; libre au lecteur de l'enlever ou de le laisser à présent . . .

Cris d'outre-Atlantique: *Les Pâques à New York* de Blaise Cendrars et *Howl* d'Allen Ginsberg

> Ces malédictions, ces blasphèmes, ces plaintes,
> Ces extases, ces cris, ces pleurs, ces *Te Deum*,
> Sont un écho redit par mille labyrinthes;
> C'est pour les coeurs mortels un divin opium!
>
> Charles Baudelaire, *Les Phares*

Presque cinquante ans d'écart entre ces premiers grands textes de deux poètes nés l'un en 1887, l'autre en 1926, de part et d'autre de l'Atlantique. Tous deux traités d'iconoclastes[1], Cendrars et Ginsberg eurent chacun un rôle décisif dans une importante renaissance poétique. Lorsque Cendrars publie *Les Pâques* à Paris en 1912: «La poésie française était entrée dans une phase de renouvellement, dans cette renaissance qui précéda la guerre» (Parrot 26)[2]. On a aussi appelé «renaissance» le renouveau de la poésie américaine, bâillonnée par le MacCarthisme, qui eut lieu à Berkeley et à San Francisco au début des années cinquante et qui connut son heure de gloire le soir de la lecture de *Howl* par Ginsberg à la Six Gallery à San Francisco, en octobre 1955. Kerouac, qui était présent, raconte l'événement dans *The Dharma Bums* (*Les Clochards célestes*):

> Quoi qu'il en soit, je suivis la meute hurlante des poètes jusqu'à la Gallery Six, où devait avoir lieu la lecture, ce soir-là qui marqua, entre autres choses importantes, la première manifestation de la renaissance poétique de San Francisco. Ce fut une nuit de folie. [. . .] vers onze heures, Alvah Goldbook [Allen Ginsberg], complètement ivre, put lire ou plutôt vagir son poème *Vagissements*, les bras en croix, devant un public qui scandait: «Allez! Allez!» comme à un match de football [. . .]. (27-28)

Ginsberg s'était alors consacré leader de la «beat generation», sans le savoir.

En 1911-1912, trop nerveux pour rester en place, le jeune Freddy Sauser, en passe de devenir Blaise Cendrars, était plus bourlingueur que jamais. Entre avril 1911 et juin 1912, il accomplit un immense périple: Paris-Saint Pétersbourg-Varsovie-Libau-New York-Genève-Paris. Ginsberg, tout aussi fébrile dans sa jeunesse, avait voyagé au moins autant que Cendrars à l'époque de *Howl*. William Carlos Williams le décrit ainsi dans son introduction au poème: «Il était toujours sur le point de 'partir', là où cela ne lui paraissait pas important; il m'inquiétait. Je ne pensais pas qu'il pourrait devenir adulte et écrire un recueil de poèmes. Sa capacité à survivre, voyager et continuer à écrire, m'étonnait» (8). Adolescents attardés et mal dans leur peau, à la veille de leur premier grand poème, Cendrars et Ginsberg se ressemblent. Chacun écrit son oeuvre d'une traite, en quelques heures, dans une ville qui n'est pas la sienne et exprime sa vision d'une autre ville, cadre de son passé. Le poème de Cendrars devait d'abord s'intituler *Les Pâques*, tout court. La seule référence nominale à New York figure dans le titre définitif. Lorsqu'il mentionne «la ville», il semble plutôt penser à Saint Pétersbourg. Seuls quelques indices renvoient au Nouveau Monde: l'Océan, les gratte-ciel, le métropolitain, le quartier choinois et l'absence de cloches: à cette vision floue vient se superposer celle de la vieille Russie. Pour Ginsberg, qui écrit *Howl* à San Francisco, New York demeure le seul décor constant du poème. Lorsqu'un lieu californien fait enfin surface, Union Square (à San Francisco, ce qui n'est pas précisé), le poète nous ramène aussitôt à New York (Staten Island) en passant par le Nouveau Mexique (Los Alamos) dans une même phrase (*Howl* I).

Les deux poètes se sont inspirés d'une oeuvre romanesque en prose et d'une lignée de poètes. Les vers de Cendrars renvoient à sa propre prose, plus précisément au manuscrit de *Moganni Nameh* (IV, 68-103), d'abord intitulé *Aléa*, composé en 1911-1912, entre Saint Pétersbourg et New York. Le décor en est la ville russe. Comme l'a constaté Yvette Bozon-Scalzitti: «[. . .] *Moganni Nameh* est le texte séminal auquel Cendrars s'est constamment référé lors de l'intense création poétique des années 1912-1913 pour y reprendre des mots, des phrases, des images, des thèmes. Ce n'est pas la réalité qui inspire l'écrivain, mais le Livre» (49). Disons que c'est *aussi* le Livre, car pour Cendrars l'écriture du voyage et le voyage de l'écriture sont inséparables. Ainsi, les Pâques russes décrites dans le chapitre 3 de *Moganni Nameh* (IV, 81-84) viennent voiler de déjà-vu le jour de Pâques 1912, où Cendrars était entré dans une église de Manhattan pour écouter *La Création* de Haydn . . . Le soir même, dans la solitude de sa cambuse, où icônes russes et sévérité presbytérienne se confondent, images brouillées par les hallucinations de la faim, Blaise compose son poème *Les Pâques*. Dans son désarroi, il pense aux poètes Villon et Verlaine. Aussi des échos de leurs vers viennent-ils se mêler aux siens, qui s'inscrivent dans leur lignée:

Villon: Où sont les cloches anciennes?
Où sont les litanies et les douces antiennes?[3]

Verlaine: Je pense, Seigneur, à mes heures malheureuses . . .
Je pense, Seigneur, à mes heures en allées . . .

On y discerne aussi l'ombre romantique de Vigny (José, dans *Moganni Nameh*, lisait «La Bouteille à la mer»):

Je suis trop seul. J'ai froid. Je vous appelle.

et celle de Musset:

Dans la chambre à côté, un être triste et muet
Attend derrière la porte

Le style des *Pâques* est loin des débordements adolescents de *Moganni Nameh*, mais n'a pas encore trouvé la modernité des poèmes à venir, comme la *Prose du Transsibérien* (1913).

Ginsberg a écrit *Howl* en un après-midi, comme Cendrars avait composé *Les Pâques* en une nuit. Il a déclaré plus tard qu'il devait cette spontanéité de souffle, «Hebraic-Melvillian bardic breath»[4], à la prose de Kerouac dans *On the Road*, à la démarche de Chaplin et aux rythmes de jazz qu'ils affectionnaient tous. Plusieurs références au jazz jalonnent le poème, mais il s'y manifeste surtout par le rythme («beat»): «[. . .] qui se rendirent à Denver, qui moururent à Denver, qui revinrent à Denver, et attendirent en vain, qui montèrent la garde à Denver, qui broyèrent du noir et restèrent tout seuls à Denver et finalement s'en allèrent pour savoir le Temps, et combien Denver est triste et solitaire pour ses héros» (*Howl* I, 21). Ginsberg s'inscrit aussi dans la tradition des visionnaires et des maudits anglo-saxons, comme Whitman, Blake, Yeats, Pound, Eliot et William Carlos Williams.

Lors de son séjour à la Columbia Psychiatric Institute en 1949, Ginsberg avait entendu entre les murs menaçants de l'asile «an extreme rhapsodic wail» («Notes for *Howl*» 320). Le souvenir de ce cri influença le rythme de *Howl* et y apporta un certain soufle de folie. C'est là que Ginsberg avait rencontré Carl Solomon, à qui *Howl* I est dédicacé et auquel le poète s'adresse directement dans *Howl* III. Passionné de littérature d'avant-garde, ce «fou» fit lire Apollinaire, les Surréalistes (dont Artaud) et Genet à Ginsberg. Marin en vadrouille en 1947, Solomon aurait même entendu le cri d'Artaud au Vieux Colombier (Tytell 95).

D'un cri l'autre. Ginsberg dira en rétrospective que «le vers de *Howl* est aussi un long cri animal» (interview, Clark 88). Apollinaire avait appelé «Cri» la première version de «Zone», le poème rival des *Pâques*, et il l'aurait récité chez la belle-mère de Picabia à Étival en juillet 1912 (Durry 235). Si Ginsberg a dit de la «beat generation»: «nous n'étions pas des rebelles, nous étions porteurs d'une tradition», la tradition qu'il voulait perpétuer était celle des poètes fous et des poèmes-cris comme «Zone», qui avaient inspiré *Howl*.

L'antériorité ou la postériorité de «Zone», par rapport au premier poème de Cendrars, demeure un sujet de controverse (Durry 234-301). C'est au début de ce même été 1912 que le jeune Cendrars envoie le manuscrit des *Pâques* à Apollinaire, qui ne répond pas. En février 1913, Blaise est invité à lire son poème «new-yorkais» chez Robert et Sonia Delaunay, en présence d'Apollinaire admiratif. Lorsque parut *Alcools*, avec «Zone» en tête, en avril 1913, Blaise travaillait déjà à la *Prose du Transsibérien*. C'est ce dernier poème que Ginsberg devait découvrir et dont il s'inspira dans les années cinquante, mais après *Howl*, ce qui prouve que «boxcars, boxcars, boxcars racketing through the snow» (*Howl* I) [«wagons à bestiaux, wagons à bestiaux, wagons à bestiaux cahotant à travers la neige»] (14) n'est pas l'écho conscient ou inconscient du vers du *Transsibérien*: «Le 'broun-roun-roun' des roues», mais une coincidence.

Apollinaire d'une part et Walt Whitman de l'autre créent le lien au-delà de la tombe entre les débuts de la poésie moderne en France et ceux de la poésie postmoderne en Amérique. Dans «At Apollinaire's Grave» (208)[5], écrit à Paris entre l'hiver et le printemps 1958, c'est à l'auteur de «Zone» que Ginsberg rend hommage:

> Guillaume Guillaume comme j'envie ton nom et ce que tu as
> accompli pour les lettres Américaines
> ta Zone cette longue strophe folle de merde sur la mort
> (*Collected Poems* 199)

Ce qu'Apollinaire a fait pour les lettres américaines, c'est peut-être d'avoir inspiré *Howl*, que Ginsberg vient déposer sur sa tombe comme une gerbe: «[. . .] et déposer mon Howl Américain provisoire sur son Calligramme Silencieux» (205). Plus loin il décrit les pauvres fleurs kitsch de midinette qui ornent la tombe de «Kostro»: «[. . .] quelqu'un a déposé un pot à confiture garni de marguerites et une rose en céramique de dactylo de Monoprix surréaliste», écho de la pathétique «yellow paper rose twisted on a wire hanger in the closet» [«rose de papier jaune tordue sur un cintre en fil de fer dans le placard»] de *Howl*, ce qui paraît logique, contrairement au caractère aléatoire d'une image analogue dans *Les Pâques*, où, dans les quartiers miséreux de New York-Saint Pétersbourg, une chanteuse à quat'sous porte un «chapeau de paille avec des roses de papier». Les fleurs (artificielles) se ramassent à la pelle, et

Ginsberg en envoie même une, dans «At Apollinaire's Grave», à Cendrars, qu'il n'a jamais connu, et don't il n'a, jusqu'à ce jour, pas lu *Les Pâques*[6]:

> Le vieux Blaise Cendrars me reçut dans son bureau et parla
> avec lassitude de l'interminable longueur de la Sibérie

Ici le poète du Transsibérien, quoique encore vivant en 1958, semble, dans cet entretien imaginaire, avoir rejoint celui de «Zone» dans le domaine du mythe.

Whitman, déjà traduit en français à la fin du XIXe siècle par Laforgue, avait américanisé le vers français de poètes tels Laforgue et Valery Larbaud, puis, plus tard, Segalen, Apollinaire et Cendrars ont adopté les «longues lignes de mots mesurées selon la respiration» (Durry 246) de [*Brins d'herbes*]. Par contre, lorsque Ginsberg était étudiant à Columbia, après la guerre, l'intelligentsia américaine avait des critères pudibonds et étriqués, en ce qui concernait et la forme et le contenu de toute poésie: «Je me souviens qu'à l'époque où Kerouac écrivait *On the Road*, un jeune assistant bien vu des autorités de Columbia m'avait soutenu que Whitman n'était pas un auteur sérieux parce qu'il n'avait aucune discipline, que William Carlos Williams était un provincial maladroit, et Shelley un idiot!» (interview, Le Pellec 45). Ginsberg retrouva la même mentalité dans les années soixante en Tchécoslovaquie et à Cuba, où on l'a jeté dehors, un peu comme Kerouac avait été expulsé de Columbia dans leur jeunesse: «J'en ai été banni [. . .] pour avoir parlé comme Whitman, dans la ligne du parti Whitman . . .» (interview, Le Pellec 53). *Howl* n'était pas seulement la célébration d'une poésie nouvelle, mais aussi la manifestation du désir de perpétuer celle de Whitman, ancêtre spirituel de Ginsberg. Celui-ci décrit la composition de *Howl* et des poèmes qui suivirent en tant qu'expérimentation avec la forme whitmanienne, chaque vers de *Howl* étant «a single breath unit»» [«un seul soufle»] («Notes for *Howl*» 319). Chez Blaise Cendrars on retrouve déjà dans *Les Pâques* le rythme biologique et anaphorique de Whitman. Par contre, dans ce premier poème, les vers de Blaise «vont par deux et ne renoncent pas à la réponse des sonorités terminales» (*Collected Poems* 247). Comparons:

Whitman, *Song of the Open Road* [*Chant de la grand-route*][7]:

> Ces désirs, pourquoi existent-ils? ces pensées dans l'obscurité,
> pourquoi existent-elles?
> Pourquoi y a-t-il des hommes et des femmes qui, lorsqu'ils sont
> près de moi, font que la lumière du soleil dilate mon sang?

Pourquoi, lorsqu'ils me quittent, mes pennons de joie retombent-
ils flasques et languissants?

Cendrars, *Les Pâques*:

Faites, Seigneur, que mon visage appuyé dans les mains
Y laisse tomber le masque d'angoisse qui m'étreint.

Faites, Seigneur, que mes deux mains appuyées sur ma bouche
N'y lèchent pas l'écume d'un désespoir farouche.

Ginsberg, *Howl* I:

qui se sont blottis en sous-vêtements dans des chambres pas
rasés brûlant leur argent dans des corbeilles à papier et
écoutant la Terreur à travers le mur,
qui furent arrêtés dans leurs barbes pubiennes en revenant de
Laredo avec une ceinture de marijuana pour New York (11)

La ressemblance est indéniable, malgré le siècle que sépare *Howl* de l'oeuvre de Whitman et l'écart linguistique entre Cendrars et les Américains.

1912, l'année des *Pâques*, était aussi celle du vintième anniversaire de la mort de Whitman, dignement commémoré à Paris, jusqu'à ce que Cendrars s'en mêlât! Il fit malicieusement à un Apollinaire crédule, qui imprima le tout dans le *Mercure*, le récit des «funérailles» américaines de Whitman, soi-disant d'après un témoin de la cérémonie, rencontré à New York: «Avec 3500 participants, et les pédérastes en foule et la claironnante fanfare et l'orgie qui s'en suivit . . .» (254). C'est un peu ainsi, comme dans la délirante imagination de Blaise, qu'on se représenterait l'enterrement de Ginsberg, ou simplement l'hommage que lui, Kerouac, Burroughs et les autres «beat» auraient pu rendre à Whitman, à l'époque de *Howl*. Tous n'étaient pas homosexuels, comme Ginsberg et Burroughs, mais la pédérastie de certains servait à tous de drapeau anti-gouvernemental, ce qui apparaît clairement dans *Howl*:

qui hurlèrent à genoux dans le métro et furent traînés du toit en
agitant parties génitales et manuscrits,
qui se laissèrent enculer par de saints motocyclistes et hurlèrent
de joie, (17)

Le symbole de l'Amérique dans *Howl* I, c'est «the heterosexual dollar».

Inquiet et provocant à la fois, le jeune Sauser/Cendrars écrit en 1912 à sa compagne Féla, restée aux États-Unis: «J'ai ce soir une telle nervosité que j'ai envie de descendre dans la rue pour chercher une femme-garçon. Peut-être que l'équivoque de la pédérastie me chatouillera. Suis-je assez neurasthénique. J'ai envie de pleurer ou de rire» (226). La véritable androgynie (comme le véritable voyage), c'est avant tout celle de l'écriture. Aussi, le terme «angels» convient-il parfaitement aux écrivains de la «beat generation» (voir Tytell). L'affreux Christ torturé par un peintre chinois des *Pâques*, tableau imaginaire, n'est qu'un travestissement de la Madone-Gorgone de *Moganni Nameh* et du «sang des menstrues qui descend du Golgotha» (84). Que Cendrars ait ou non vu la photographie insoutenable d'un supplice chinois (1905) qui devait figurer en 1961 dans l'iconographie des *Larmes d'Éros*, l'irrévérence de cette description se rapproche davantage de Baudelaire que de Bataille.

La recherche du corps revient constamment dans les deux poèmes. Le poète des *Pâques*, le dos voûté, imagine le corps du Christ auquel il s'identifie:

> Votre flanc grand-ouvert est comme un grand soleil
> Et vos mains tout autour palpitent d'étincelles.

Puis il se tourne vers ceux des prostituées:

> Elles ont du rouge aux lèvres et des dentelles au cul.

Il décrit son propre désespoir en termes physiques:

> Faites, Seigneur, que mes deux mains appuyées sur ma bouche
> N'y lèchent pas l'écume d'un désespoir farouche.

Revient aussi le thème de la mutilation, avec les musiciens aveugles et manchots, puis avec la torture terriblement explicite du Christ:

> On vous aurait arraché la langue et les yeux,
> On vous aurait empalé sur un pieu.

Et encore l'image surréaliste de la lampe pâle suspendue, qui évoque la tête du Christ, «triste et morte et exsangue».

Dans *Howl*, les corps de la «beat generation» en question surgissent par fragments, le démembrement étant la fin de la bacchanale: «[. . .] ou leurs troupes purgatoiriées nuit après nuit, avec des rêves, avec de la drogue, avec des cauchemars qui marchent, l'alcool la queue les baisades sans fin [. . .]» (11); «[. . .] et ils avaient les yeux rouges au matin mais prêts à sucer le con du soleil levant, étincelant des fesses dans les granges et nus dans le lac [. . .]» (17). Corps victimes du suicide: «[. . .] qui se tailladèrent les poignets trois fois de suite sans succès [. . .] qui se jetèrent en bas du Brooklyn Bridge [. . .]» (21). Finalement le corps du poème qui est le leur: «[. . .] avec le coeur absolu du poème de la vie arraché à leurs propres corps bon à manger pour un millénaire».

Chez les deux poètes, cette exaltation du corps en est aussi la peur, le masque d'angoisse qui dissimule une quête spirituelle tout aussi complexe. La recherche, souvent sans conviction, d'une foi, va de pair avec un vagabondage dans le temps et l'espace. Une ville en cache une autre et le souvenir du passé vient se superposer au présent. Cendrars s'adresse d'abord au Christ:

Seigneur, c'est aujourd'hui le jour de votre Nom,
J'ai lu dans un vieux livre la geste de votre Passion.

Le glissement du présent (le jour de Pâques 1912, à New York) au passé (les Pâques de Saint Pétersbourg évoquées dans *Moganni Nameh*) se fait presque imperceptiblement, dès la deuxième ligne. Dans les vers qui suivent, le poète se réfère à un moine, puis celui-ci se transforme en «alter ego»:

Je suis comme ce bon moine, ce soir, je suis inquiet.

Le personnage du religieux réapparaîtra dans le *Transsibérien*, sous des traits bien russes:

Un vieux moine me lisait la légende de Novgorode

L'ubiquité du Christ de *Pâques* suit plutôt les périples de Blaise que le parcours d'un vrai chemin de croix:

Je connais tous les Christs qui pendent dans les musées;
Mais Vous marchez, Seigneur, ce soir à mes côtés.

Cependant la présence du Christ n'est qu'une ombre, car le poète le renie:

Je ne vous ai pas connu alors, —ni maintenant.
    Je n'ai jamais prié quand j'étais un petit enfant.

Le poème suit un triple itinéraire: la promenade solitaire du poète dans les bas-quartiers d'un New York hostile où règne la misère, un retour vers son passé personnel et culturel, puis, finalement, le Calvaire du Christ de plus en plus assimilé au poète (Bozon-Scalzitti 34). Les lieux demeurent souvent flous:

> Je descends à grands pas vers le bas de la ville,

On ne sait plus très bien de quelle ville il s'agit, car les immigrants, les Juifs, les prostituées et autres miséreux pourraient aussi bien être ceux de Saint Pétersbourg que ceux de New York. En fait, ils se confondent. En voyant ceux-ci, Cendrars se remémore ceux-là et les deux textes de *Moganni Nameh* et des *Pâques* se font écho: «[. . .] la foule sombre, taciturne, qui grouille au fond de nos légendes [. . .] toute cette vie fourmillante de petites gens sales et loqueteux [. . .] et jusqu'au juif maigre qui passe courbé [. . .] jusque dans les environs du port, tout au bout, dans un misérable quartier de marins, de prostituées et d'ouvriers» (81-82). Plus stylisée, la foule des *Pâques* devient une énumération des personnages qui accompagnèrent le Christ au Golgotha:

> Seigneur, la foule des pauvres pour qui vous fîtes le Sacrifice
> Est ici, parquée, tassée, comme du bétail, dans les hospices.
> [. . .]
> Seigneur dans les ghettos grouille la tourbe des Juifs
> [. . .]
> Seigneur, les humbles femmes qui vous accompagnèrent à
> Golgotha,
> Se cachent. Au fond des bouges, sur d'immondes sophas,
> [. . .]
> Seigneur, je suis dans le quartier des bons voleurs,
> Des Vagabonds, des va-nu-pied, des receleurs.

Il se souvient des cloches de Saint Pétersbourg:

> À vêpres, quand les cloches psalmodiaient dans la tour

puis retrouve, avec le changement de temps habituel, le silence de New York:

> Mais il n'y a pas de cloches, Seigneur, dans cette ville.

Aux lettres d'or de la calligraphie du moine russe répondent les tristes sigles du capitalisme américain:

> Seigneur, la Banque illuminée est comme un coffre-fort,
> Où s'est coagulé le Sang de votre mort.

Le New York moderne et présent se dresse soudain autour du poète, dans la pénultième partie du poème, réalité brutale qui le renvoie à sa solitude et à une tristesse commune à toutes les villes. La longue litanie des *Pâques* se termine dans la chambre du poète «nue comme un tombeau», vision qui n'est suivie d'aucune résurrection. Si le Christ encadre le poème: «Seigneur [. . .] *je ne pense plus à* Vous», l'obsession de l'écrivain moderne n'en demeure pas moins son absence. S'il y a encore un Dieu, quel peut-il être?

«Moloch!» répond Ginsberg dans *Howl* II. *Howl* se multiplie par ricochets: *Howl* I, *Howl* II, *Howl* III, *Footnote to Howl*, puis plus tard, le métatexte «Notes for *Howl*».

Le périple de Ginsberg, comme celui de Cendrars, confond passé et présent, la recherche d'un dieu et celle d'une identité. Le titre de *Howl* n'indique aucun lieu, on sait seulement que le poème a été écrit à San Francisco:

> [. . .] profitant de mon loisir de chômeur, à San Francisco je me détournai tout d'un coup des sentiers battus, afin de suivre mon inspiration romantique—souffle de barde hébraïque—melvillien [. . .] c'est ainsi, dans un fol élan, que je tapai le premier vers de *Howl*, «J'ai vu les plus grands esprits» etc., puis toute la première partie en un après-midi.
>
> J'avais un appartement à Nob Hill. Je me défonçai au peyotl, puis je vis la face macabre du robot Moloch, qui foudroyait ma fenêtre du regard [. . .]. J'errai dans Powell Street en murmurant «Moloch! Moloch!» toute la nuit, puis j'écrivis *Howl* II presque intégralement, dans la cafétéria du rez-de-chaussée du Drake Hotel, du fond du val d'enfer. («Notes for *Howl*» 318-19)

Ginsberg a préféré raconter son errance nocturne dans la ville après avoir écrit son poème plutôt que d'en faire le sujet, comme Cendrars. San Francisco, c'était la ville refuge, le havre des écrivains, des artistes et des autres marginaux de cette époque étouffante: «[. . .] dans les années 50, la seule ville qui fut sensible aux nouvelles tendances poétiques fut San

Francisco», dira plus tard Ginsberg (interview, Le Pellec 53). Celui-ci venait en vérité de New York et de Paterson (New Jersey), où il est né. Comme New York pour *Les Pâques*, San Francisco ne fut que le lieu d'accouchement de *Howl*, dont la gestation s'était faite à New York et un peu partout en vadrouille, «on the road». C'est Kerouac qui inspira le point de départ du poème, ou plutôt son roman *On the Road*, comme *Moganni Nameh* avait été celui des *Pâques*. Ginsberg a toujours associé *Howl* à la prose de son ami, dont il adopta la technique spontanée, «taking off from his own inspired prose line really a new poetry» («Notes for *Howl*» 318; interview, Le Pellec 58). Il recherchait les rythmes du jazz à travers l'écriture de Kerouac, qui les imitait. John Tytell cite à ce sujet une lettre de Ginsberg à Kerouac d'août 1955: «Je me rends compte à présent, à quel point tu avais raison. C'était la première fois que je me mettais carrément à souffler, et alors les notes sortirent à ta manière, comme si c'était toi, presque une imitation» (217). Tytell fait une démonstration très convaincante de cette influence, en disposant un extrait de *Visions of Cody* de Kerouac en vers, ce qui donne un rythme semblable à celui de *Howl*.

Le jazz avait pour les écrivains «beatnik» un attrait symbolique: comme celle des «spirituals», cette musique représentait l'exutoire de toutes les frustrations des Noirs opprimés, elle s'était faufilée jusque dans les églises et avait apporté une énergie nouvelle aux incantations religieuses. Presque réduite au silence comme les Noirs, par l'excès de pruderie et l'hystérie anti-communiste des années cinquante, la «beat generation» voulait retrouver une forme d'expression orale, le souffle primitif des Psaumes, des chants bouddhiques ou de la complainte du saxophone.

Comme Cendrars qui évoque ses étapes de voyages, la Suisse allemande, Sienne, Bourrié-Wladislasz et la Chine depuis New York, Ginsberg retrace en vrac les itinéraires américains de *On the Road*: New York, Arkansas, Kansas, Idaho, Baltimore, Oklahoma, Houston, Mexico, Chicago, West Coast, Denver, Harlem . . . d'une côte à l'autre. Il y mêle des souvenirs de son Paterson natal, de Tanger où Burroughs habita un temps, de la Marine Marchande, où Ginsberg s'était engagé tout jeune:

> les marins,
> caresses d'amour d'atlantique et caraïbe (*Howl* III, 17)

Et New York toujours recommencé, tous les quartiers sont traversés, universités (CCNY), institutions psychiatriques (Rockland), Brooklyn Bridge, Chinatown . . . Alors que *Les Pâques* décrivent une triste errance, *Howl* se déroule comme une danse frénétique qui ne veut pas s'arrêter. Le mouvement perpétuel s'instaure et emporte le repos rêvé au point de départ: «[. . .] the door of my cottage in the Western night» (fin de *Howl* III). Dans le post-scriptum final, *Footnote to Howl*, tous les lieux sont sanctifiés:

> Sacré New York Sacré San Francisco Sacré Peoria et
> Seattle
> Sacré Paris Sacré Tanger Sacré Moscou Sacré Istamboul!
> (*Howl*, post-scriptum, 35)

Le poème se fait ainsi le carrefour de toutes les métropoles du monde.

Ginsberg dépeint les poètes de sa génération en tant que:

> initiés à tête d'ange brûlant pour la liaison céleste
> ancienne avec la dynamo étoilée dans la mécanique
> nocturne (*Howl* 11)

Ils recherchent une religion semblable à celle dont parle Apollinaire dans «Zone»:

> La religion seule est restée toute neuve la religion
> Est restée simple comme les hangars de Port-Aviation

Mais la religion c'est aussi la solitude, la drogue, le vagabondage et l'angoisse. Si Cendrars s'identifie au Christ en croix, Ginsberg se voit avec ses amis et «alter egos», en tant que victimes sacrificielles:

> [. . .] viande
> pour la synagogue jetée sur la pavé,
> qui disparurent dans le nulle-part zen de New Jersey laissant
> une traîne de cartes postales ambiguës d'Atlantic City Hall,
> souffrant des sueurs de l'Est et des os sous la meule de Tanger
> et des migraines de Chine sous le repli de la drogue dans la
> lugubre chambre meublée de Newark (*Howl* I, 13)

Ils ont essayé toutes les doctrines et aucune ne semble apporter de salut:

> qui tombèrent à genoux dans des cathédrales sans espoir en
> priant pour le salut les uns des autres (*Howl* I, 21-22)

Comme dans *Les Pâques* (et chez Baudelaire), le blasphème succède à la ferveur religieuse sans parvenir à la détruire tout à fait:

Visions! augures! hallucinations! miracles! extases! disparus
dans le cours du fleuve américain!
Rêves! adorations! illuminations! religions! tout le tremblement
de conneries sensibles! (*Howl* II, 29)

Cendrars avait dédicacé son poème à sa belle-soeur Agnès, figure d'ange gardien chaste et rassurant pour le jeune poète instable. C'est une autre pureté que Ginsberg recherche chez Carl Solomon, interné à Rockland lorsqu'il lui dédicace *Howl.* Comme Ferdinand dans *Voyage au bout de la nuit* de Céline (que Burroughs avait fait découvrir à Ginsberg), le poète se demande si les vrais fous sont dedans ou dehors. Encore obsédé par la folie de sa mère, qu'il allait exorciser dans *Kaddish* (1959-1960), Ginsberg s'identifie à Solomon dans *Howl* III. Un glissement a eu lieu de la génération des «hipsters» de la première partie, éclipsés par Moloch le destructeur dans la deuxième, cédant la place à Solomon et aux autres internés des asiles dans la troisième. Le rythme se fait de plus en plus rapide. «I'm with you in Rockland» est répété 19 fois, litanie de la terreur de basculer dans la folie. Jeu de mots aussi sur «rock», écho du «rocking and rolling» de la première partie, danse macabre provoquée par les électrochocs prodigués à Rockland: «[. . .] où cinquante électrochocs supplémentaires ne restitueront pas ton âme à son corps après pèlerinage à la croix dans le vide» (*Howl,* post-scriptum, 35).

Cette croix n'est qu'un des nombreux indices de l'étonnante «pascalité» de *Howl.* De culture juive et d'origine russe, Ginsberg refuse de se cantonner dans aucune religion. Le sacrifice de l'agneau de la Pâque juive se manifeste dans *Howl* sous forme de révolte: si seulement la bourgeoisie américaine pouvait jouer le rôle de la victime:

[. . .] Sacré l'immense agneau des
classes moyennes! Sacrés les bergers fous de la rébellion!
(*Howl,* post-scriptum, 35)

La manducation rituelle de l'agneau devient pour cette génération «retranchée» un retournement sur eux-mêmes, cannibalisme de l'imagination: «qui mangèrent le ragoût de mouton imaginaire» (*Howl* I, 19) . . . On retrouve aussi les Pâques chrétiennes dans *Howl.* D'ailleurs une des influences de Ginsberg fut le *Jubilate Agno* de Christopher Smart, poète anglais, chrétien et fou, du XVIIIe siècle (voir Hunsberger). La crucifixion, comme chez Cendrars, c'est celle du poète, qui n'est pas seul, mais accompagné de tous les larrons-«hipsters» qui l'entourent, exilés dans une Amérique fascisante:

qui descendirent à tombeau ouvert les autoroutes passées
voyageant à la ronde solitude-prison golgotha-stock-car des
uns ou des autres (*Howl* 21)

Puis il s'écrie: «démences et crucifixions!» (*Howl* II, 29) et finalement, il s'adresse à Carol Solomon, comme pour lui dicter une nouvelle forme de délire:

Je suis avec toi à Rockland
où tu accuses de folie tes médecins et complotes la
révolution
socialiste hébraïque contre le Golgotha national fasciste.
(*Howl* III, 33)

À propos de la Crucifixion et de la Passion, il est intéressant de remarquer que le commentaire d'Yvette Bozon-Scalzitti sur *Les Pâques*—«Le vrai Christ, dans *Moganni Nameh* comme dans *Les Pâques*, c'est le poète crucifié qui souffre de toute la souffrance du monde. Évidente pour José, l'identification du poète au Christ est implicite dans *Les Pâques*, poème de la Passion du poète [. . .]» (34)—est presque le même que celui de Christine Tysh sur *Howl*: «C'est la répétition du Calvaire de Jésus dans la solitude et l'insupportable douleur. Le Jésus angélique et fou poursuit sans cesse son chemin vacillant pour éviter le grand exécuteur» (22). Le poème de Cendrars se termine par deux mises à mort: celle, attendue, du Christ, et celle, métaphorique, du poète, dont la «chambre est nue comme un tombeau» et le «lit froid comme un cercueil». Le dernier vers:

Je ne pense plus à Vous. Je ne pense plus à vous.

clôt le cercle du poème qui commence:

Seigneur, c'est aujourd'hui le jour de votre Nom

Le Dieu/Christ n'a plus de nom, il n'existe plus, le ciel reste noir et il ne répond pas. Le poète ne ressuscite pas davantage.

Dans *Howl*, par contre, il est plusieurs fois question de résurrection:

[. . .] inscrivant ici ce qui pourrait rester à dire au moment venu
après la mort,
et se dressèrent réincarnés [. . .], (*Howl* I, 25)

et encore:

> Je suis avec toi à Rockland
> où tu couperas en deux les dieux de Long Island et où tu opéreras la résurrection de ton Christ humain vivant hors de la tombe surhumain (*Howl* III, 33)

Ginsberg a voulu que son poème soit un panégyrique et il se termine comme tel:

> Sacrée la Clémence! Le Pardon! La Charité! La Foi! Sacrés!
> nos Corps! souffrant! magnanimité!
> Sacrée la surnaturelle intelligente extrêmement brillante bonté de
> l'âme! (*Howl*, post-scriptum, 37)

Cette note finale a tout l'air d'une ouverture sur la prière, en dépit du ton irrévérencieux et provocateur du poème. *Les Pâques*, au contraire, cache le scepticisme et le reniement sous une apparence de prière.

Il me semble que les circonstances de composition respectives des deux poèmes que nous venons d'analyser expliquent aisément et l'abattement de Cendrars et une certaine exaltation chez Ginsberg. S'il était arrivé à New York trois ou quatre ans plus tard, Freddy Sauser aurait pu se joindre au groupe pré-Dada que devaient y former Duchamp, Picabia, Crotti, Man Ray et leurs amis, alors qu'en 1912, il s'y trouva isolé et crevant de faim. Rentré précipitamment à Paris, il s'y intégra vite à toute une bohème intellectuelle et artistique. Ginsberg à San Francisco était entouré d'autres poètes «beat», comme Kerouac, Snyder, Orlovsky, Corso, Lamantia et Rexroth, leur père à tous, sans oublier Ferlinghetti, qui les publiait à City Lights. Tout en maudissant l'Oncle Sam, Ginsberg célébrait leur retour aux rythmes whitmaniens et à une liberté d'expression qu'ils surent imposer, malgré le procès de *Howl*, car l'heure de la résurrection était venue.

Le *Transsibérien*, composé à Paris, est aussi un hymne à une ville libre et cosmopolite, où s'épanouissait une profusion de talents nouveaux. Il n'est donc pas étonnant que ce soit ce poème qui ait influencé plus tard Ginsberg et qui l'aida à façonner, comme nous l'avons vu, l'image de Cendrars dans «At Apollinaire's Grave». Cendrars lui-même puisa dès 1914 sa proper légende dans le *Transsibérien* et se décrivit ainsi dans le poème «Ma danse»:

> Je suis un monsieur qui en des express fabuleux traverse les
> toujours mêmes Europes [. . .]

Une influence commune, au-delà du temps et de l'espace, fut celle de Cézanne. Fernand Léger le faisait découvrir à Cendrars fasciné en 1912, entre *Les Pâques* et le *Transsibérien* (237). Ginsberg a dit que *Howl* était un hommage à la méthode du peintre d'Aix, qu'il tenta d'adapter à sa langue poétique:

> Au lieu des cubes et des carrés et des triangles, Cézanne reconstitute au moyen de triangles, de cubes et de couleurs—il faut que je reconstitue au moyen de mots, des rythmes, bien sûr, et tout le reste—mais, c'est des mots, des phrases. Bien. Le problème, alors, c'est d'atteindre les différentes associations qui se poursuivent simultanément, de choisir les éléments des deux, comme: jazz, juke-box et le reste, et on tire le juke-box de là; la politique, la bombe à hydrogène, et on tire l'hydrogène de là, vous voyez, «juke-box à hydrogène». (interview, Clark 93-94)

Curieusement, de cette prose cubiste à la Gertrude Stein surgit l'idée de la constitution de l'image surréaliste, à travers une interprétation de Cézanne . . . Là, une fois de plus, Cendrars et Ginsberg se rejoignent, car si la Renaissance poétique de San Francisco dérivait directement du Surréalisme, les poètes contemporains du Cubisme et du Simultanéisme (où l'influence de Cézanne mena les arts plastiques) comme Cendrars, Apollinaire et Reverdy, l'annonçaient. Retour cyclique de la poésie vers ses libérateurs, qu'ils se nomment Breton, Whitman, Rimbaud, Shelley ou Villon, bref ceux qui ont «déchiffré tous les textes confus des roues et [. . .] rassemblé les éléments épars d'une violente beauté» (*Transsibérien* 33).

LE ROMANCIER

Dan Yack et les machines

Dans la préface de *Notre-Dame des fleurs*, Sartre qualifie l'écriture de Genêt de dispositif érotique, c'est-à-dire, dans ce cas-là, auto-érotique. L'autobiographie et le roman autobiographique sont parmi les formes littéraires les plus prisées, autant par l'auteur que par le lecteur, puisqu'il s'agit d'une tentative de mieux connaître le monde à travers la recherche de soi-même. Le fait d'écrire, surtout à la première personne, est avant tout un processus de simulation. L'on pourrait ici appeler la fiction à la fois re-création et/ou récréation, donc reconstitution et/ou distraction. Ce dernier terme peut à son tour se disséminer en détournement et divertissement.

Le sujet du roman moderne, ou même postmoderne, l'homme du vingtième siècle, dans un monde de schizoculture[1], se trouve entouré d'un réseau de miroirs qui lui renvoient autant d'images terrifiantes et/ou désirables. Il peut s'agir des autres, comme dans *Huis clos*, du moi en tant qu'autre ou vice-versa. Lacan définit le stade du miroir comme un phénomène normal dans le développement de l'enfant mais qui, chez l'adulte, devient névrose (*Ecrits I* 89-97).

Les machines et la technologie transgressent depuis longtemps les limites de la science et même de la science-fiction. Elles envahissent la plupart des domaines, y compris celui de la littérature. De nombreux termes technologiques—tels que «dispositif», «appareil», «machine», «mécanisme», pour n'en citer que quelques-uns—peuvent s'appliquer à présent à presque n'importe quelle structure, que ce soit sur un plan naturel ou culturel, social ou politique, fonctionnel, esthétique ou ludique, biologique ou synthétique aussi bien au niveau du signifiant que du signifié. Le mot «machine» vient même combler la lacune linguistique qui survient lorsque le terme correct fait défaut. Comme l'a indiqué Baudrillard: «Si 'machine' relève du domaine de la langue fonctionnelle, 'machin' relève du domaine subjectif de la parole» (139). Les machines, comme les textes, se composent de parties ou de pièces créées par l'homme.

Il faudrait peut-être commencer par examiner l'étymologie de quelques termes techniques. Dans les mots «technologie», «machine» et «mécanique», on peut détecter les termes grecs suivants[2]: MECHANÉ indique le concept d'une structure composée de parties ou de pièces fonctionnelles, par exemple une stratégie politique, une méthode créative, une doctrine philosophique ou une étude objective du langage; LOGOS, la parole, constitue bien sûr une partie du sens de «technologie»; TEKNON signifie «enfant» (de la même famille que le verbe TIKTEIN: «enfanter»);

TEKNÉ signifie art, adresse et artifice: par exemple le cheval de bois d'Ulysse était à la fois une oeuvre d'art habilement conçue et un artifice ou une ruse. Ceci nous fournit un bon exemple de la ruse du LOGOS telle qu'elle se trouve contenue dans le sens de TEKNÉ. L'écrivain possède le même art/artifice; il est enfant et il enfante; puis, en cas d'autobiographie, il va jusqu'à tenter de s'enfanter lui-même. Le texte est un miroir tendu par l'enfant auteur à l'enfant lecteur. C'est aussi un assemblage de composantes, relié d'une part au dispositif socio-culturel et d'autre part au mécanisme biologique de son auteur.

L'exposition «Les Machines Célibataires», qui eut lieu au Musée des Arts Décoratifs à Paris en 1974, présentait un panorama sémiotique de l'obsession de l'homme moderne pour les machines. Dans le catalogue, Michel Carrouges définit ces machines comme étant à la fois vraies et des simulacres, fantastiques et logiques, puis ayant la capacité de transformer l'amour en un mécanisme de mort. La plus célèbre d'entre elles serait bien entendu *Le Grand Verre* de Duchamp (Carrouges 21-22). Le groupement des machines, ainsi que chacune d'elles, constituerait une sorte de perversion du mythe de la machine. Selon Carrouges, une machine célibataire est «impossible, inutile, incompréhensible, délirante». Des juxtapositions incongrues de différents éléments peuvent créer des résultats à la fois étranges et familiers: «unheimlich» dans le sens freudien.

Le terme «machines célibataires» ne désigne pas exclusivement des appareils auto-érotiques. Pour donner une idée de leur diversité, voici quelques-unes des rubriques de l'exposition: «Anti-gravitation, Chronos, Cycles, Electrisation et foudroiement, Machines à faire l'amour, Machines à faire de l'art, Perpetuum mobile, Vie artificielle, Voyeurisme . . .». Souvent une seule machine cumule plusieurs de ces concepts. Il me semble que «chronos» est particulièrement important, puisque cette exposition reliait plusieurs époques et plusieurs oeuvres individuelles, qui sont après tout oeuvres d'art, même tout en étant machines à faire de l'art. Ce concept nous aide à situer Cendrars, dont l'oeuvre, à la manière des machines désirantes de Deleuze et Guattari (469), se trouve à la fois reliée aux et coupée des «Avant-gardes» du début du siècle—et les mêmes tensions se manifestent par rapport au postmodernisme actuel. Ses romans, comme toute fiction, sont comparables aux machines célibataires, car ce sont des simulacres. Dans cette optique, je voudrais examiner en détail la mécanique d'un texte spécifique de Cendrars: *Les Confessions de Dan Yack* (1929). Il semblerait que ce roman eût dû prendre place parmi les grands monuments de la fiction du siècle, et pourtant il a été négligé, mal diffusé et peu lu, débranché en quelque sorte du circuit littéraire courant. Tentons donc de le rétablir un peu ici.

Ce chapitre se situe sous le double signe du Je/Jeu. «Je» parce qu'il explore dans un texte de Cendrars le narcissisme de plus en plus manifeste dans la culture actuelle et dans le postmodernisme américain en particulier[3], dont Cendrars se rapproche sur bien des plans. Le «jeu» se réfère à la fois à une démarche critique/ludique personnelle, inspirée en partie de *L'Anti-Œdipe* de Deleuze et Guattari, et au divertissement tel qu'il est pratiqué par le narrateur à l'intérieur du texte analysé.

Le premier volume de *Dan Yack* s'intitule *Le Plan de l'Aiguille*, ce qui crée d'emblée un déplacement, car c'est en fait le site de l'acte narratif du second volume, et ce concept relie les deux, entre lesquels il s'écoule une ellipse de plusieurs années. Ici il sera surtout question du deuxième volume, *Les Confessions de Dan Yack*.

Le héros/narrateur Dan Yack, qui a hérité malgré lui du don paternel pour les affaires, travaille et se distrait avec le même dynamisme que son créateur. Après diverses aventures extraordinaires, le premier volume se termine à Port Déception, dans l'Antarctique, où Dan Yack noie un amour malheureux dans l'alcool. Nous apprenons par analepses dans le second que pendant l'ellipse entre les deux volumes, Dan Yack avait conclu un mariage très heureux, quoique platonique, avec une toute jeune fille d'origine douteuse: Mireille. Celle-ci vient de mourir de tuberculose et de syphilis congénitale lorsque commence le second livre. A ce moment-là, Dan Yack s'est retiré au Plan de l'Aiguille, où il dicte ses souvenirs et le journal intime de Mireille, retrouvé après sa mort, dans un dictaphone; il envoie régulièrement les rouleaux à une secrétaire afin qu'elle les tape.

Une petite note de l'auteur précède la narration de Dan Yack. La voici:

> Ce livre deuxième n'a pas été écrit.
> Il a été entièrement dicté au DICTAPHONE.
> Quel dommage que l'imprimerie ne puisse pas également enregistrer la voix de Dan Yack et quel dommage que les pages d'un livre ne soient pas encore sonores.
> Mais cela viendra.
> Pauvres poètes, travaillons.
> B.C.

L'auteur désire donc s'identifier ici. Cette note, sorte de ruse ou de trompe-l'oeil graphique, peut donner l'impression d'une écriture qui se nie elle-même et d'une oeuvre d'art à l'état pur, comme le «ceci n'est pas une pipe» de Magritte. Cependant un glissement s'opère au niveau du temps de la narration: ce livre n'a pas été écrit, c'est-à-dire que Dan Yack ne l'a pas écrit, mais l'a dicté, par l'intermédiaire d'une machine, à une secrétaire qui, à l'aide d'une autre machine, doit le transformer en un premier écrit, destiné à son tour à être imprimé. Futur entre les mains du lecteur/scripteur, ce texte n'a pas encore été lu. Cendrars fait semblant de rejeter sur le narrateur sa propre responsabilité face au texte: ceci n'est pas un livre et je ne l'ai pas écrit. En appelant les sections du volume «rouleaux» au lieu de chapitres, Cendrars crée en plus l'illusion d'un processus mécanique.

Ce schéma va plus loin: Yack le narrateur est en train de narrer le processus de sa propre narration, à l'intérieur de laquelle il évolue en tant que protagoniste narré. Tout comme Cendrars est censé transposer le texte des rouleaux de Dan Yack en roman, Yack dicte le texte du journal de Mireille dans sa machine. Chaque rouleau pénètre le texte vierge du journal, consommant ainsi sur un plan symbolique le désir irréalisé de Dan Yack pour son épouse intouchable. Cendrars écrit le «je» de Dan Yack, qui dit le «je» de Mireille. Cendrars aurait aimé que l'imprimeur de son livre enregistre la voix de Dan Yack, qui regrette de ne pas s'être procuré le dictaphone du vivant de Mireille, ce qui lui aurait permis d'enregistrer la voix de la jeune femme. La voix désirée du personnage narré ou de l'objet aimé perdu est renvoyée à l'auteur et/ou au narrateur. Dan Yack n'a-t-il pas inventé Mireille comme Cendrars a inventé Yack? Le mécanisme principal de ce texte serait donc l'imago[4] de son processus créateur. Les machines fonctionnelles que sont le dictaphone de Dan Yack et la machine à écrire de la secrétaire sont tous deux des objets partiels[5] reliés entre eux par le flux du désir et la voix de Dan Yack, qui se fait l'écho de la voix de l'auteur et exprime son désir créatif: les personnages fictifs sont des instruments qui facilitent la recherche du moi de l'écrivain.

Le personnage de Dan Yack avec son enchaînement de machines rappelle le tableau de Richard Lindner *Boy with Machine*, reproduit pour cause en frontispice dans *L'Anti-Œdipe* et qui figurait également à l'exposition des Machines Célibataires. Deleuze et Guattari le décrivent ainsi: «Un énorme et turgide enfant, ayant greffé, faisant fonctionner une de ses petites machines désirantes sur une grosse machine sociale technique» (13). Dan Yack est un inadapté social, mais, comme un grand enfant, il peut se brancher à la machine socio-productive, grâce à sa passion pour la technologie: il va de jouet en jouet. Dans le premier volume c'étaient divers gramophones et autres gadgets, une maison préfabriquée adaptée au Pôle Sud, puis finalement le parfait microcosme industriel pour tuer et exploiter les baleines, au large d'une petite île de l'Antarctique. Au début du second volume, il vient de découvrir le dictaphone, qui devient un objet de fascination et de désir: «J'aime mon dictaphone» (132). Lorsque l'appareil aura accompli l'introjection[6] posthume de Mireille, Dan Yack pourra écouter les mots d'amour qu'elle lui avait adressés dans son journal, dits par sa propre voix (à lui, Dan Yack), ce qui la remplace presque avantageusement: «Et maintenant que je joue avec le dictaphone, elle est morte» (133). Comme la Tante Léonie de Proust dans *Combray*, qui aurait eu du plaisir à pleurer ses proches[7], Dan Yack peut mieux aimer Mireille de façon posthume, mécanique et auto-réflexive[8].

Pour Krapp, dans *La Dernière Bande* de Beckett, la vie sexuelle se limite à s'enregistrer en train de se raconter, en train d'écouter un enregistrement antérieur où il racontait la fin d'un amour encore plus antérieur:

> Krapp jure, débranche l'appareil, fait avancer la bande, rebranche l'appareil—mon visage dans ses seins et ma main sur elle. Nous restions là couchés, sans remuer. Mais, sous nous, tout remuait, et nous remuait, de haut en bas, et d'un côté à l'autre.
>
> Pause. (24)

De même, Dan Yack, importuné par sa chasteté, semble incapable d'entretenir des relations avec aucune femme, sauf sur le plan du fantasme ou par l'intermédiaire d'un mécanisme extérieur à lui. Dans le premier volume son amie russe, Hedwiga, l'avait quitté pour un prince russe, présumé être le père de son fils. Elle ajoute en post-scriptum à son mot d'adieu qu'elle va transférer tout son amour pour Dan Yack sur la jument dont il lui avait fait cadeau. Pendant ses orgies dans un port du Chili, Dan Yack utilise un instrument exotique, le guesquel, pour satisfaire les femmes. A Port Déception (qui porte bien son nom), Dan Yack souffre et jouit à la fois d'une passion romantique non déclarée pour la femme d'un autre. Finalement, dans la deuxième partie, sa femme-enfant Mireille lui procure la relation idéale: «Nous étions comme frère et soeur», raconte-t-il à Max Hyène (220). L'espace/manque du désir de Dan Yack pour Mireille morte est comblé par le symbole phallique des rouleaux, qui deviennent le texte du livre, formant ainsi un schéma auto-érotique de plus.

Du temps de Mireille, la distraction préférée de Dan Yack était le cinéma. Après être allé voir d'innombrables films avec elle, Dan Yack décide de transformer sa femme en vedette et fonde la Société des Films Mireille. Au fur et à mesure qu'elle se transformait en image, Mireille dépérissait. L'un de ses meilleurs rôles paraît particulièrement significatif: il s'agit de *L'Eve future* de Villiers de l'Isle-Adam, qui était aussi représentée à l'Exposition des Machines Célibataires. Elle est évoquée de la façon suivante dans le Catalogue: «La re-création de l'Andréide par le magicien-chimiste Edison provoque de la part de Lord Ewald qui visite le laboratoire cette question désespérée: 'Depuis quand Dieu permet-il aux machines de prendre la parole?'» (Gorsen 130). Ce commentaire provoquerait actuellement une remarque sur la misogynie de quiconque voudrait réduire la femme à un état de machine muette. Pour revenir à Mireille, sa maladie lui permet d'accomplir le contraire de l'animation d'une femme artificielle, sujet de *L'Eve future*, et de passer de la vie à un état d'inanimation si bien imité qu'elle en meurt presque. Son dernier film précipite effectivement sa mort. Le rôle qu'elle y joue lui présente un miroir si exact qu'elle en est traumatisée: Gribouille incarne le désir qu'elle avait eu comme enfant d'être un garçon. Le cercle de l'imagination de Dan Yack s'est refermé: il a réussi l'introjection de Mireille au moyen de la projection de son moi le plus secret, qui est un garçon à l'image de Dan Yack lui-même. «Il faut te mettre à la hauteur de cette machine», lui dit-il (189), lorsqu'elle se tient devant la caméra. Se mettre au niveau de la machine signifie ici se faire engloutir par elle. Il ne reste plus rien de Mireille sinon son image captée par cette machine, puis, au moment de la narration, le texte de son journal, que le dictaphone est en train d'enregistrer. Effectivement, Dan Yack ne communique plus qu'avec les machines.

Trois niveaux de narration se dégagent des *Confessions de Dan Yack*. Il y a d'abord un présent de narration, c'est-à-dire le moment où Dan Yack dicte les cahiers de Mireille dans le dictaphone et tient un discours autour de cette activité, ce qui crée une sorte de paratexte. Il s'adresse plusieurs fois à la secrétaire inconnue qui travaille loin de lui, sans qu'il la voie jamais. Le contact avec elle n'existe que par l'intermédiaire de la machine. Par moments, Dan Yack prend un ton séducteur, lui propose des cadeaux et lui offre un chèque en blanc. Ici, les rouleaux s'érigent une fois de plus en symbole phallique. Le marivaudage de Dan Yack s'accompagne d'une interaction des deux machines: lorsqu'il joue avec le dictaphone, ce jeu ne peut être exprimé dans le texte que par un jeu équivalent de la machine à écrire. Par exemple, au rouleau 2, il s'amuse à étirer la phrase «je vous aime», à la fois banale et significative, par une répétition de chaque phonème, ce qui donne: «JJJJJJJeeeeeeeûûûûûûûûv ouououououououzzzzzzzzzzzzzzzzèèèèèèèèèèèèèèèèèèèmmmmmmmmmm mmmmmmeù!» (136).

On remarquera que seul «J» est écrit en majuscules! Ce processus, avec le sens de la phrase, constitue un parfait schéma de narcissisme secondaire (voir Laplanche 113-43): Dan Yack et son dictaphone introjectent et se superposent à la secrétaire et sa machine à écrire. «Pour moi», dit Dan Yack, «le dictaphone est un appareil qui réveille tous les échos» (136). Au premier niveau de la narration, donc, le texte s'écrivant devient le miroir de Yack/Narcisse et la secrétaire son Echo. Au deuxième niveau, Dan Yack raconte sa propre histoire depuis le commencement de sa vie avec Mireille, jusqu'au «présent» de narration. Le troisième niveau est celui du récit de Mireille qui constitue le texte de son journal. Le «Je» de Dan Yack transmet et traverse le sien, qu'il finit par assimiler. Le livre commence par l'acquisition du dictaphone, que Dan Yack rejette à la fin lorsque son travail est terminé: «Cet appareil m'ennuie, je n'ai plus rien à dire» (227).

L'enregistrement s'arrête au moment où Dan Yack adopte un petit orphelin de guerre russe. D'abord il se plaît à imaginer que c'est le fils qu'Hedwiga lui aurait donné, puis il décide de l'appeler *Dan Yack*, comme lui-même. Dan Yack n'a désormais plus besoin de femmes, de machines, ni même de souvenirs. Il s'arrête de s'enregistrer afin d'être absorbé par le texte du livre, qui se termine là. Il s'est retrouvé: un enfant au passé incertain, à l'avenir inconnu, qui court en silence dans un grand appartement vide, avec pour seul compagnon un petit lapin rose.

Le miroir est à double face: de même que le héros/narrateur se dissout en un enfant anonyme, le lecteur revient à la première page, vers l'auteur (B.C.), qui vient d'assimiler son personnage. Reste la fascination que la technologie exerça vraiment sur Cendrars. C'est à Abel Gance qu'il dédie le premier volume de *Dan Yack*, qu'il voudrait «de la brute et de l'animalité» (*Oeuvres complètes* 6). «N'y cherche pas une nouvelle formule d'art, ni un nouveau mode d'écriture», déclare-t-il à son ami cinéaste. On verra cependant, dans le deuxième volume, que c'est l'écriture elle-même qui commence à gêner le romancier manchot d'une part et impatient d'autre part, car il aurait voulu suivre le rythme délirant/désirant des machines. Cendrars rédige (ou dicte) le dernier rouleau/chapitre dans un style de plus en plus télégraphique et fragmenté, l'encadrant de deux lignes entières de points de suspension; le dernier mot en est «vide» et ce dernier chapitre s'intitule «Rouleau neuf», donc neuvième et/ou non encore enregistré, à venir . . . Tout le texte du roman est constellé de jeux graphiques et ponctué de points de suspension. Selon Deleuze et Guattari: «une machine se définit comme un système de coupures» (43), ce qui s'applique très bien au mécanisme textuel ici. La petite liste des dates et des endroits de composition qui figure à la fin du texte se termine ainsi: «Enregistré au Dictaphone quelque part à la campagne: été 1929». Au Plan de l'Aiguille, c'est-à-dire nulle part, n'en déplaise à Jarry! Dictaphone porte ici un D majuscule, comme Dan Yack, dont la voix redevient celle de Blaise, qui avait signé à la première page et qui encadre ainsi le texte de l'affirmation qu'il l'a dicté et non pas écrit.

Le vide angoissant de la fin du roman renvoie le lecteur à cette première note et au désir de l'auteur d'avoir des pages sonores: «Cela viendra» y écrit-il, «pauvres poètes travaillons». Ceci renvoie encore plus loin en arrière à la dédicace à Abel Gance du premier volume, où l'on pourra lire: «demain on déraisonnera». L'écrivain serait donc fou et/ou travailleur. Qu'elle soit fonctionnelle, instrument de travail du poète et/ou délirante et inutile comme les machines célibataires, la machine textuelle signifiante, c'est-à-dire le mécanisme de l'écriture même, prend plus d'importance dans le roman de Cendrars que les machines signifiées à l'intérieur du texte. Le dictaphone et la machine à écrire sont des projections du désir de l'auteur/narrateur s'écrivant dans le texte.

Selon Deleuze et Guattari, les hommes et leurs instruments/outils font partie de la machine sociale. L'outil constitue une extension de l'homme d'une part et de la machine d'autre part (463-87). *Ça* crée donc un lien entre l'homme et la machine, ainsi que leur indépendance réciproque: ils sont à la fois reliés entre eux et séparés, comme le garçon et sa machine du tableau de Lindner. Il faudrait trouver d'autres outils que les mots, d'autres «machins» pour combler le vide. «Vive la technologie à venir!» a dit John Cage à Daniel Charles en 1976 (216). Blaise le disait déjà en 1929 avec le «cela viendra» de sa note. En attendant, même les romanciers postmodernes comme Pynchon, tout en cherchant d'autres codes de communication, se heurtent au mur du langage.

Pour conclure, je voudrais citer un autre romancier fasciné par la technologie, chronos et les machines célibataires: Adolpho Bioy Casarès, qui fait dire à son narrateur dans *L'Invention de Morel*, quelque dix ans après *Les Confessions de Dan Yack*:

> Un homme solitaire ne peut pas construire de machines ni fixer de visions, sauf sous une forme mutilée, en les écrivant ou les dessinant pour d'autres plus heureux que lui. (95)

Comme Dan Yack, l'écrivain se sent impuissant et voué à la chasteté de l'écriture: un livre parlé ou dicté finira toujours par être écrit.

La Mère Gigogne et le Père Carnaval: Vêtements, travestissements et masques dans *Moravagine, Dan Yack* et *Emmène-moi au bout du monde!*

Le film de Truffaut *L'Amour en fuite* (1979) s'ouvre sur des plans rapprochés d'un couple faisant l'amour, scène à moitié dérobée par les titres du générique, qui reconstituent de cette façon les vêtements absents et la scoptophilie du spectateur. L'image dégagée, les personnages se rhabillent et échangent quelques paroles. Sabine (Dorothée) s'adresse d'abord à Antoine (Jean-Pierre Léaud):

Sabine: Qu'est-ce que tu *fais*, Antoine?
Antoine: Ce que je *fais*? Je me *vêts*.
Sabine: Tu t'en *vas*?
Antoine: Oui mais avant je me *vêts*. (*L'Avant-Scène Cinéma* 9)

Je fais, je me vêts, je m'en vais. Dialogue de sourds, où l'association de mots monosyllabiques presque homophones, en brouille les sens pourtant bien distincts, pratique courante chez Lewis Carroll (voir Jakobson 46). Cette confusion linguistique reflète celle du protagoniste qui, l'acte amoureux accompli (je fais), son apparence reconstituée (je me vêts), ne pense plus qu'à fuir (le «je m'en vais» qu'il ne formule pas). Un mot qui avait un sens «fais» en revêt un autre «me vêts». Le message d'abord lisse, se froisse, se plisse, s'enrobe, se drape dans les autres sens, provoqués d'une part par la similarité phonique et d'autre part par la contiguïté sémantique d'un signifié appréhendé par la femme, qui prédit ce qu'elle va entendre: «Tu t'en vas?»

Ces trois notions de faire, de (se) vêtir et de s'en aller prêteront à mon analyse sa triple structure. J'examinerai d'abord ce qui est fait, ce qui se fait et ce qui se vêt: plis et trous de l'écriture, drapés de la narration, étoffe textuelle de l'oeuvre. De là je passerai à la question du travestissement, de l'androgynie et de la recherche du féminin pour aboutir sur le carnaval qui traverse le corpus cendrarsien: libération des conventions, morcellement des corps, éclatement de l'écriture. La première partie portera essentiellement sur *Moravagine*, la seconde sur *Dan Yack* et la troisième sur *Emmène-moi au bout du monde!*.

I

Dans les trois romans, Cendrars habille soigneusement ses personnages, son style et sa diégèse, afin de mieux dérober, mieux voiler ce qu'Yvette Bozon-Scalzitti appelle «le message noir [. . .] cette connivence du secret du masque et de l'écriture» (11). Or, selon Eugénie Lemoine-Luccioni, dont l'essai psychanalytique sur le vêtement m'a inspirée ici, «l'homme est troué quel que soit son sexe» (25). Ecriture à la fois ajourée donc, et masquée, exhibée et cachée, présente et absente.

> Le corps de la femme est aussi bosselé que mon crâne. (Cendrars, *Du Monde entier* 83)

Ce vers d'un des *Poèmes élastiques* fait le lien avec le «passage du crâne au masque» chez les peuples dits primitifs, masques aztèques aux yeux qui sont des miroirs, masques d'Océanie fabriqués à partir de crânes d'ancêtres, masque Dogon qui reproduit le cadavre d'un ancêtre, masques chinois de danse, censés fixer l'âme des morts (Pizzorno). Ce passage de la mort au masque, du sexe caché à la mort, revient constamment chez Cendrars. Dan Yack n'a plus besoin de monocle en présence de la mort de ses compagnons sur l'île de Struge, Mireille meurt pour avoir mis le masque-miroir de Gribouille. Le masque, c'est aussi le double, l'Autre. Après la mort de Moravagine, dans la chambre du Masque de Fer (!), son double Raymond-la-Science recrée en abyme le récit et la fin de son ami en devenant régicide et en se faisant condamner à mort.

L'habit ne fait pas le moi, mais il peut masquer l'absence du moi que le sujet ne parvient pas à constituer et cacher l'image du corps morcelé. Le sujet devient alors dépendant de son costume. Raymond en arrive à maudire le déguisement perpétuel, devenu engrenage infernal où il se trouve pris avec Moravagine:

> Ah! maudit soit cet art du maquillage et de la grime qui nous a si souvent permis de nous glisser dans les assemblées les plus fermées. . . . (111)

Eugénie Lemoine-Luccioni expose le cas extraordinaire d'une jeune femme qui, haïssant sa mère, s'enveloppe, se roule, se déguise dans les draps de trousseau que celle-ci lui a donnés: elle s'érige en tableau vivant représentant, par exemple, la Sainte Thérèse du Bernin ou La Grande Odalisque d'Ingres. Comme elle veut provoquer, elle ajoute toujours un élément de nudité et de transgression (sein nu pour Sainte Thérèse), elle montre aussi bien son sexe, comme la Thérèse d'*Emmène-moi au bout du monde!*. Doublement travestie, elle porte un nom d'homme, Orlan, pris sans doute au personnage transsexuel de Virginia Woolf, Orlando. Il me semble, pourtant, qu'Orlan serait aussi bien l'anagramme de «NOR(M)AL», dont on aurait gommé la lettre essentielle: le «M» du moi.

Lemoine-Luccioni définit le drapé en tant que lien entre la vie et la mort:

> Le drapé intervient ici dans sa fonction essentielle d'enveloppement: Le nouveau-né est enveloppé de langes et le cadavre du linceul. C'est la vêture même, le premier et le dernier vêtement . . . (143)

Ce concept revient dans le Poème élastique 8, «Mardi Gras»:

> Et le soleil t'apporte le beau corps d'aujourd'hui dans
> les coupures des journaux
> Ces langes (*Du Monde entier* 88)

Les langes sont associés à l'écriture et à la coupure-mutilation du texte (le journal) et de l'enfant arraché au ventre maternel.

Vu de cette façon, le drapé recouvre et met entre parenthèses l'histoire de toute une vie, ce qui est souvent le cas dans les romans de Cendrars. C'est sans aucun doute *Moravagine* dont la diégèse est la plus emmaillotée de paratextes. Premier cadre: Préface et Postface en italiques, tous deux signés Blaise Cendrars. La Préface contient des indices du roman à venir: la malle à double fond de Raymond (écho de la structure du livre), une seringue (celle, sans doute, du Moravagine morphinomane de la fin) et les manuscrits de Moravagine. La Préface, selon Cendrars, n'est pas longue «car le présent volume est lui-même une Préface, une trop longue Préface aux Oeuvres de Moravagine que j'éditerai un jour». Préface à la Préface, telle la parade à un spectacle inexistant. Vient ensuite la lettre de Raymond-La-Science à Blaise Cendrars narrateur/protagoniste: prolepse étonnante. A la fin du roman, Moravagine mort, Raymond reste en suspens à l'Ile Sainte Marguerite. Il faut revenir à la Préface pour le retrouver «régicide» dans une prison d'Espagne, où il écrit à Blaise Cendrars, qui lui a obtenu la condamnation à mort qu'il souhaitait. Il lui recommande les manuscrits (les siens et ceux de Moravagine), la veille de sa mort. La lettre est signée «R», et il propose à Cendrars pour son livre, le faux nom de Raymond-La-Science. Raymond se dit «Ramon» en espagnol, anagramme de «Roman»: le texte même qui se raconte, déguisé en narrateur. Dans la Postface, qui tente de clore ce livre impossible à terminer, Cendrars cite et ressasse sa propre Préface, d'où le retour à la maison décrite dans celle-ci, où se trouvaient la malle, la seringue et les manuscrits. Tout y a été souillé, saccagé, la malle a disparu; du récit de Raymond et des écrits de Moravagine ne restent que quelques feuillets sales et une photographie de la mère de Cendrars qu'il extirpe de la boue. Cercle complet, retour à la maison/ matrice d'avant l'accouchement pénible du livre qui, comme Moravagine dont il porte le nom, ne serait qu'un avorton, langé de papier boueux.

Les poupées russes ou gigognes que rappelle la strucure de *Moravagine* tirent leur nom d'un personnage de théâtre créé en 1602, «La Mère Gigogne, femme géante, des jupes de laquelle sortaient une foule d'enfants» (définition du *Dictionnaire Robert*). Le premier jupon de la Préface/Postface en contient d'autres. Deuxième cadre: le récit que Raymond commence au premier chapitre, par ses débuts au Sanatorium de Waldensee, la rencontre de Moravagine et sa décision de faire évader ce dernier—ce récit sera bouclé à la fin du livre, lorsqu'il raconte son retour de la guerre et l'amputation de sa jambe gauche. Il se trouve comme au début dans un hôpital, cette fois-ci en tant que malade et en compagnie de Blaise Cendrars, qui subit l'amputation symétrique du bras droit: narrateurs/écrivains mutilés. Là, à Sainte Marguerite, Raymond retrouve un jour Moravagine, devenu morphinomane et qui ne le reconnaît pas. Peu de temps après, Raymond apprend la mort de Mora. Il interrompt là son récit pour reproduire l'oraison funèbre du Docteur Montalti, diagnostic de l'étrange maladie de Moravagine. Ce texte est écrit en italiques, comme celui de la fin du premier chapitre avec lequel il fait cadre: la fiche 1731 de Moravagine à Waldensee, autre document médical aussi bref que l'oraison est longue. Le dernier cadre-jupon intérieur sera celui du récit de Moravagine (idiot), où le «je» devient encore un autre, embrayé de Cendrars à Raymond à Moravagine. Ce récit cruel renvoie, à la fin du roman, aux fragments des manuscrits de Moravagine, remis après la mort de celui-ci à Raymond, qui termine son propre récit en les présentant au lecteur. Une dernière enclave extra- et méta-diégétique, placée entre les écrits de Moravagine et la Postface, peut à la rigueur, mais de façon moins évidente que les autres, former un drapé avec la citation de Rémy de Gourmont qui précède la Préface et qui semble, en rétrospective, vouloir résumer ce texte pénultième intitulé:

PRO DOMO
UN INÉDIT DE BLAISE CENDRARS
COMMENT J'AI ÉCRIT MORAVAGINE
(*papiers retrouvés*) (213)

La typographie des titres imite la structure-gigogne du roman: grandes majuscules, petites majuscules, italiques. Après l'épitaphe de Moravagine, «PRO DOMO» (ce qui signifie d'après Cicéron «pour (sa) maison», c'est-à-dire pour sa propre cause), est son linceul et celui du livre. Perversion extraordinaire de la légende de Véronique, il porte l'empreinte en fondu enchaîné des trois «je»: Cendrars-Raymond-Moravagine, l'écrivain, le scientifique et le fou, détriplement de la personnalité de l'auteur-narrateur.

Ecartées, toutes ces couches d'étoffe textuelle révèlent le récit principal de Raymond (roman): ses aventures partagées avec Moravagine et leurs transformations perpétuelles. Leur évasion de Waldensee commence par un long paragraphe intitulé «Nos déguisements»: en l'espace d'une page, Moravagine, enveloppé dans un plaid comme le poète du *Transsibérien*, sera tour à tour un Anglais, un vieux rentier suisse-allemand et un diplomate péruvien accompagné de son secrétaire. Ils continuent de se déguiser jusqu'au bout, surtout pendant leurs activités anarchistes à Moscou, puis chez les Indiens Bleus. En Amérique le paysage même les encapsule comme une vaste literie:

> Derrière nous, le fleuve fumant se trouait de déchirures, devant nous, il s'ouvrait béant, floconneux, sale. Des draps et des rideaux claquaient au vent. [. . .] Nous étions comme encapuchonnés, avec six mètres d'air autour de nous et un plafond de douze pieds, un plafond d'ouate, un plafond matelassé. (163)

Pendant cet épisode-là, Raymond devient Moravagine—«J'étais [. . .] idiot» (173)—et Moravagine devient Raymond pour soigner celui-ci, tombé malade. Tout au long du récit, le style revêt aussi divers costumes. Le dialogue jusque-là peu marqué de Raymond et de Moravagine, prend, dans le train qui les éloigne de la Russie, des accents d'argot estudiantin suisse:

> —Dis donc, Mora, il est bath c'te wagon?
> —Tu parles d'un sliping! (122)

Ensuite leur histoire, après avoir exploré des abîmes de folie, d'anarchie et de meurtre, se dilue en roman d'aventures style bandes dessinées, inspiré de Fantomas, proche d'Hergé: Tintin chez les Indiens Bleus, Tintin Aviateur, etc.

Au centre du récit-noyau, sous le dernier jupon de la Mère Gigogne, surgit Mascha pendue, vêtue de haillons, trouée, vidée dans le wagon de Raymond et de Mora sur le départ:

> Nom de Dieu, un pendu! Une femme. Des robes. Une main. Le petit faisceau de ma lampe fait des trous dans la robe. Un châle boueux. Un corsage à fleurs. Et . . . Et . . . une tête . . . le

> visage . . . Mascha! . . . Entre ses jambes pend un foetus grimaçant. (125)

La boue sur le châle renvoie en prolepse à celle qui avait souillé les manuscrits et le morcellement du corps de Mascha dans cette description, à leur dispersion. Le texte entier s'enroule autour d'un trou: le sexe béant et l'utérus vide d'une femme qui a accouché d'un embryon mort-né (imago de Moravagine, le personnage et le livre). La vision macabre de Mascha pendue est préfigurée, puis re-présentée, dans deux cauchemars de Raymond. Le premier, dans un autre train, ressemble à un rêve de mourant: regardant d'abord par la fenêtre, étouffé par la chaleur, Raymond se projette un montage de fragments de sa vie, des lieux fréquentés à Moscou et finalement Raja, une femme qu'il a connue, et Mascha, maîtresse de Moravagine, se superposent. Plus tard, en Amérique, dans le délire de la fièvre, Raymond verra une condensation de Mascha et de son foetus en Moravagine habillé en Indien et penché sur lui:

> Il porte un masque impassible. Le collier de plumes rouges qui pend de son cou se balance tout contre mon oeil, et me fait loucher, et me fait crier. C'est épouvantable. Je m'évanouis. (175)

La première fois que Raymond aperçoit Moravagine à Waldensee, celui-ci est en train de se masturber (23). Il le voit pour la dernière fois à Sainte Marguerite, également interné en neurologie, faisant une scène à l'infirmière, pour qu'elle lui fasse sa piqûre de morphine «Dans le nez ou dans la. . . .» (200). Il est intéressant de remarquer en passant que l'organe ainsi exposé par Moravagine, mais caché par la langue du narrateur, sera brutalement nommé par Cendrars dans PRO DOMO, lorsqu'il s'agit, même indirectement, d'écriture:

> Une nuit suffit
> Une nuit d'amour
> Moins que cela, un coup de bite . . . (225)

Il donne l'exemple de sa «plus belle nuit d'amour» qui est aussi sa «plus belle nuit d'écriture», celle où il a composé *La Fin du Monde*. Bref, la nudité partielle de Mascha morte est encadrée, comme nous venons de le voir, par celle de Moravagine qui s'expose, et celle du foetus/imago de Moravagine est encore partiellement contenue par celle de Mascha: double miroir concave et convexe.

L'absence de placenta constitue la «fausse couche» de la description centrale. Selon Eugénie Lemoine-Luccioni:

> . . . le vêtement recrée pour l'individu l'enveloppe perdue: c'est le placenta reconstitué, «ce voile», dit J. Lacan, «dont l'enfant naît coiffé . . .». (73)

Pour résumer en quelques mots sa théorie, le voile, placenta ou hymen, soit cache la blessure/orifice, soit enveloppe la graine non encore éclatée. Ici tout éclate au grand jour: Moravagine assiste à une étrange projection déformée de la scène primitive, qui combine la mort de la mère et sa propre naissance (sa mère étant effectivement morte en lui donnant le jour).

Le tandem Mora/Raymond (ce double nom reflète le dénouement de l'histoire!) illustre parfaitement le désordre psychique qu'entraîne le «deuil blanc de la mère morte», selon l'analyse d'André Green (222-53). Chez l'enfant abandonné, le garçon surtout, les symptômes principaux sont l'identification à la mère morte, accompagnée de sentiments de culpabilité et de haine à son égard. Sur le plan sexuel, le sujet sera souvent perturbé, ce qui se manifeste par un excès d'auto-érotisme (comme chez Moravagine en prison et à Waldensee) et par un triple schéma de haine, d'homosexualité et de narcissisme. Une autre manifestation du deuil blanc sera une tendance à s'exprimer par la voie narrative, et le sujet trouvera parfois une solution d'autonomie affective dans la création artistique. L'interprétation courante du nom Moravagine comme signifiant «Mort au vagin»[1], pourrait se doubler de son contraire «mort ravageuse/gine», en référence aux dégâts causés par la mort de la mère. Un noeud infernal entoure le trou au centre du récit: Mascha, tuée sur le plan symbolique puis introjectée par Mora/Raymond, qui ont absorbé toute sa force et son énergie de révolutionnaire, est aussi tueuse, à l'image de la mère morte, Méduse dont le rire s'est déplacé sur le foetus grimaçant. Après avoir vu Mascha pour la dernière fois dans toute son horreur, la haine meurtrière de Mora/Raymond cède la place à une régression vers des aventures de gamins et à une homosexualité latente, qui se dissout à son tour en solitude: chacun meurt dans sa cellule isolée, après s'être raconté et écrit.

Dépouillement final: «Otez le dernier voile et c'est l'inceste» (Lemoine-Luccioni 76). Déshabiller la mère morte, la souiller, la traîner dans la boue. Ainsi, à la dernière page, sous tous les feuillets de ses jupes, fragments du corpus morcelé des écrits des trois narrateurs, Blaise Cendrars retrouve la mère morte, ou plutôt son image maculée:

> . . . . la seule et unique photographie qui me restait de ma mère et que j'ai retrouvée dans le jardin, enterrée dans la boue! . . . (238)

II

La dernière syllabe du nom Moravagine pourrait très bien s'écrire avec un «y», se terminant ainsi par la marque du féminin, comme le roman s'arrête sur l'image de la mère. Dans *Bourlinguer*, Cendrars constate qu'«on ne dira jamais assez la part du féminin dans l'écriture» (361). L'écriture de Cendrars nous procure un excellent exemple de la réapparition de l'Androgyne dans la littérature du vingtième siècle. Ainsi que Frédéric Monneyron l'a indiqué: «l'androgyne semble être contraint à une dérive perpétuelle», comme Cendrars et ses protagonistes! Par ailleurs, si l'androgyne penche vers la bisexualité, le travestisme et le transsexuel, sa véritable nature est souvent asexuelle, ce qui est évidemment le cas de Dan Yack.

Eugénie Lemoine-Luccioni établit une distinction nette entre le travesti et le transsexuel:

> . . . puisque le travesti veut toujours *se faire passer* pour l'autre, quel que soit son sexe; tandis que le transsexuel choisit d'*être* l'autre et y croit. Il ne se déguise pas. (125)

On pourrait qualifier le double texte de *Dan Yack, Le Plan de l'Aiguille* et *Les Confessions de Dan Yack*, de travesti et le récit de Dan Yack dans *Les Confessions* comme reflétant le processus de mutation transsexuelle. Cendrars revêt son livre d'un voile de reniement de l'écriture: il donne comme titre au premier volume le nom du lieu de l'énonciation du second. Il dédie la première partie à un cinéaste, Abel Gance, la définissant comme étant «non pas de l'intelligence ni même de la sensibilité, mais de la brute et de l'animalité». Le Post-Scriptum à cette dédicace: «Toutes les philosophies ne valent pas une bonne nuit d'amour», boutade que Cendrars attribue à Shakespeare, semble annoncer comme Artaud que «toute l'écriture est de la cochonnerie». Le roman s'ouvre sur «un air beuglant de gramophone», à la manière d'un scénario . . . En note au deuxième volume, Cendrars nous annonce que

> . . . ce livre n'a jamais été écrit. Il a été entièrement dicté au dictaphone. . . . quel dommage que les livres ne soient pas sonores.

Donc, ceci n'est pas un livre. En outre, les deux tomes forment un ensemble androgyne, car si dans le premier il est question d'un monde presque exclusivement masculin, dans le texte ambidextre du second, le journal de Mireille vient s'inscrire dans le récit de Dan Yack. En apprenant par coeur le texte de Mireille et en le dictant de sa propre voix dans le dictaphone, Dan Yack introjecte sa jeune épouse morte.

> Le récit a pour fonction de déguiser l'histoire, de masquer l'aveu, tout en le dévoilant peu à peu par toute une série de digressions apparentes qui sont en fait des prolongements métaphoriques du drame. (Bozon-Scalzitti 87)

Yvette Bozon-Scalzitti exprime ici et à plusieurs reprises ce qu'elle appelle le secret de Cendrars, en termes de voiles et de masques, mots miroirs qui reflètent par leur juxtaposition même l'écriture androgyne. Le voile est «constitutif de la structure libidinale féminine» (Lemoine-Luccioni 124); un exemple serait la soie noire qui sert de cache-moi à la protagoniste du roman de Duras *Les Yeux bleus, cheveux noirs*. Le masque, par contre, peut se concevoir en tant que représentation fétichiste du phallus. Tous deux dérobent une nudité, c'est-à-dire un corps troué. Dans notre civilisation occidentale, par «nu» on entend généralement le nu féminin, alors que le fétichisme demeure «caractéristique de la sexualité masculine» (Lemoine-Luccioni 124, 105). Chez Cendrars, le nu sera aussi bien masculin que féminin. Au début du *Plan*, Dan Yack, abandonné par Hedwiga, contemple dans un cabaret de St. Pétersbourg des gravures représentant des nus des deux sexes. Sur son bateau, littéralement en route pour les Antipodes, Dan Yack est décrit nu dans sa cabine, où il se regarde longuement «dans un miroir convexe grossissant» (31), qui pourrait être celui de la diégèse qui le dépouille de plus en plus socialement, moralement et en tant que personnage. Le geste de se regarder dans une glace après la toilette pourrait être considéré comme féminin, tandis que Hedwiga, ouvrant son manteau de fourrure pour se montrer nue à Dan Yack, agit en exhibitionniste, c'est-à-dire par définition en homme.

Bien que physiquement intouchable, Mireille perd son masque et ses moyens d'actrice lorsque Dan Yack lui révèle sa nature de transsexuelle, en lui faisant jouer Gribouille:

> C'était tellement moi, que j'avais l'impression de tourner nue, toute nue, moralement nue. (190)

La triple répétition du mot «nue» indique clairement la répugnance de Mireille pour le corps et ses fonctions. Dan Yack exprime une réaction analogue dans sa description analeptique de ses camarades soldats qu'il regarde dormir, pendant la guerre:

> L'un est vautré, l'autre à plat, les uns sont en chien de fusil, d'autres bras, jambes, pantalons ouverts, les uns ronflent, les autres geignent [. . .] Tous grimacent. Tous s'agitent, se tordent, prennent des attitudes déhanchées, des poses tourmentées. Les membres déjetés, les mâchoires pendantes, le visage plein de trous d'ombre et la peau du ventre, du dos ou de la poitrine en train de moitir dans des flaques de nu. Ils ont l'air de demi-matérialisations avortées, d'un grouillement d'êtres [. . .]. (198-99)

Le dégoût macabre qui se dégage de cette description rappelle la vision du foetus. A cette laideur et à cette promiscuité masculine vient s'opposer la beauté féminine de la froide Vallée de Chamonix, décrite en termes érotiques: le corps n'est plus qu'une métaphore morte: «Sans doute faut-il tuer pour voir». Cette théorie d'Eugénie Lemoine-Luccioni (81) est abondamment mise en pratique par Moravagine et par Dan Yack. Chez l'un et chez l'autre la pulsion meurtrière remplace souvent la pulsion sexuelle et leur apporte une plus grande lucidité sur eux-mêmes. Tuer est un moyen non seulement de voir, mais d'avoir et de se mettre dans la peau de . . . Ainsi Moravagine désire-t-il envelopper (étouffer) Rita, qu'il finit par assassiner:

> J'étais le peigne qui aimantait ses longs cheveux. Le corsage qui lui moulait le torse. Le tulle transparent de ses manches. La robe autour de ses jambes . . . J'étais sa chaise, son miroir, sa baignoire. Je la possédais toute et de partout comme une vague. J'étais son lit. (36)

Quant à Dan Yack, il s'est surtout délecté du massacre d'innombrables baleines, symboles de fertilité et de maternité, à Port Déception, frustré par son amour impossible pour Doña Heloïsa. Cette boucherie crée l'un des raccords entre les deux volumes, car, bien que l'épisode appartienne au premier, Dan Yack s'y réfère dans *Les Confessions*: «on aime tuer . . . tout le monde était couvert de sang» (169). Dans *Le Plan*, l'assistant scientifique de Dan Yack, le Dr. Schmoll, «inaugura la confection de gros vêtements imperméabilisés, taillés dans la peau des baleines» (111).

Ayant donc eu, puis revêtu la peau des mammifères marins, Dan Yack en fera de même, dans l'abstrait, pour Mireille, qu'il assimile à travers le rôle de Gribouille, ce qui entraine la mort de la jeune femme.

Une vision de la mère de Dan Yack, morte en couches comme celle de Moravagine et comme Mascha, vient se superposer dans *Les Confessions* aux allusions affectueuses de Mireille à son père dans son journal, père perdu que Dan Yack a remplacé. Dan Yack décrit sa mère telle qu'il la voit en rêve et il l'interpelle à la deuxième personne:

> Sur le fond de velours de la nuit vos traits se dessinent un à un et ressortent comme sur une vieille photographie. (193)

Dan Yack se retrouve dans le visage de cette mère morte inconnue, qui porte «un demi-masque»; il se voit en femme, et la question posée à la mère imaginaire: «Etiez vous résignée ou folle?», s'appliquerait parfaitement à lui-même. Devenu un étrange androgyne, composé de sa mère, du père de Mireille, de lui-même et de Mireille, Dan Yack finit par accoucher d'un fils, ou plutôt il recrée l'enfant qu'il était.

La disparition des femmes du texte et leur introjection par le protagoniste mâle dans *Moravagine* et dans *Dan Yack* renvoient le lecteur au mythe de l'origyne. A ce sujet, Xavière Gauthier se réfère à Jacob Boehme:

> Adam a connu le désir, qui précipite vers la bestialité, et c'est de ce mouvement de chute que lui est né une compagne. Quand il étreint ce qui est né de lui, d'une de ses côtes dit le mythe chrétien, il n'étreint que sa propre chair. Adam s'écria: on l'appellera homme-femelle puisqu'elle a été retirée de l'homme. (96)

Eugénie Lemoine-Luccioni enchaîne sur le rôle de fétiche que l'homme a attribué à la femme: «l'homme a fait de la femme son idole. Elle est devenue son phallus» (86). Orlan, en robe noire, «sur laquelle elle avait fait photographier son corps nu grandeur nature» (139), était donc travestie en phallus! Les poupées-fétiches de l'art et de la littérature moderne, parmi lesquelles se rangent Mascha-Mère Gigogne, porte-bonheur de Mora et Mireille-Gribouille, joli souvenir de Dan Yack, sont légion. Me viennent aussi à l'esprit La Poupée de Hans Bellmer, en mutilation perpétuelle au gré de son créateur et, entre autres, la poupée du poème «Fétiche» de Reverdy:

> Petite poupée, marionnette porte-bonheur, elle se débat à ma fenêtre, au gré du vent. La pluie a mouillé sa robe, sa figure et ses mains qui déteignent . . . (9)

Image de femme mise hors d'état de nuire, complètement désincarnée, comme la Petite Jeanne de France du *Transsibérien*:

> Elle est toute nue, n'a pas de corps—elle est trop pauvre. (*Du Monde entier* 32)

III

> The novel [. . .] appears like a story-telling carnival.
>
> Monique Chefdor (139)
>
> Tout cela ne tient qu'à un fil.
>
> Blaise Cendrars, *Emmène-moi au bout du monde!* (37)

Le refus de la sexualité et du corps féminin manifesté dans *Moravagine* et surtout dans *Dan Yack* renvoie à un sens premier du mot «carnaval»: «carne vale» ou «adieu à la chair». Toutes les ambiguïtés et les contradictions, devenues constantes de la fiction de Cendrars, se trouvent condensées dans le phénomène complexe du carnaval. Il s'agit en principe d'une période de catharsis, de défoulement, de suppression des tabous et de libération des pulsions, qui a lieu entre le Jour des Rois et le Carême. Moment extra-ordinaire de l'année, dont Cendrars aurait voulu faire l'ordinaire de son écriture. Grâce à l'anonymat du déguisement, au carnaval chacun est libre de se transformer. Par ailleurs, qui dit «catharsis» dit aussi «purification», par le feu dans le cas du carnaval. Les actes de transgression peuvent se limiter à leur représentation théâtrale ou à la sublimation par une danse rituelle et hypnotique, comme au Morgenstreich de Bâle.

Sacré Blaise! *Emmène-moi au bout du monde!* est bien, comme il nous en avertit, un roman à clefs, qui ouvrent de multiples serrures emboîtées, clefs musicales aussi; il est question de jazz dans l'exergue. Je ne m'attarderai pas sur l'intrigue: tout tourne autour d'une pièce de théâtre, *Madame L'Arsouille* (depuis longtemps identifiée comme *La Folle de Chaillot* jouée par la troupe de Jouvet) et de la vieille vedette de 79 ans, Thérèse Eglantine. Pleine de joie de vivre, celle-ci joue sur scène, hors-scène et ob-scène, son chant du cygne personnel et professionnel, puis sa mort. Une parade de monstres scandaleuse est assortie au style provocant de Cendrars et à un mélange douteux des genres: porno, polar et populo s'y confondent sans qu'aucune étiquette n'aille tout à fait. On dirait au premier abord un scénario bâclé par Fellini. Vision de fou au sens carnavalesque du terme: délire sacré de l'auteur qui veut faire le vide en lui, afin de libérer le passage du souffle de l'inspiration.

La question du carnaval est déjà abordée dans *Bourlinguer*. La rixe de Rotterdam y figure à titre d'exemple: «Toutes les capitales du monde ont leur jour de liesse et leur nuit de folie» (273). Dans ce contexte de fêtes, Cendrars se réfère au calendrier des saints et aux confréries, puis enchaîne sur les bas-fonds du monde entier. Ce chapitre, dédicacé à Henry Miller et, indirectement, à Saint Antoine, décrit une bagarre démente, qui provoque l'agonie cacophonique d'un piano défénestré, événement que le narrateur qualifie de fête. Fête macabre, suivie d'une délibération sur la mort en note, puis d'une citation de Baudelaire sur le même sujet. La vraie capitale de Blaise, où il vécut longtemps et par intermittence la rixe de l'écriture, prête son nom au dernier chapitre, «Paris, port de mer». Le livre commence par un quadruple exergue, où Rabelais côtoie Saint Augustin, Montaigne et Goddeschalk, puis se termine ainsi:

> La musique.
> Le grand jeu des orgues.
> L'esprit souffle où il veut . . .
> J'écoute.
> Je ne souffle mot. (438)

Ces langes ou ce linceul de *Bourlinguer* et l'auteur invoquant la musique des sphères posent déjà l'énigme du nom Blaise Cendrars. Selon Claude Gaignebet, dont le livre sur le carnaval soutient tout ce qui va suivre, l'oeuvre entière de Rabelais se présenterait comme «un commentaire cabalistique de Rab-belais, c'est à dire de Maître Blaise» (111). Blaise Cendrars marche dans les traces de Maître Blaise et de Saint Blaise (de l'Allemand «blasen» = «souffler»), le personnage le plus important du folklore carnavalesque avec Jean de l'Ours et Gargantua.

«Il faisait froid» (13). Ce détail, au début d'*Emmène-moi au bout du monde!*, évoque la saison du carnaval. Les rites du printemps commencent le 2 février, à la Chandeleur, avec la déshibernation de l'ours, dont le pet libère les âmes des morts. Ce pet de l'ours s'inscrit dans la bataille des vents, qui a lieu entre le 25 janvier, jour de la conversion de Saint Paul, Patron des cordiers, et le 3 février, jour de la Saint-Blaise et première date possible du Mercredi des Cendres, d'où le pseudonyme (pneumonyme!) Blaise Cendrars. Saint Blaise «récupère . . . tous les rites relatifs au vent. Le 3 février est, entre autres, le jour du 'Saint Souffle', celui du «souffle libéré» (Gaignebet 58). Le vent vainqueur ce jour-là, qui est aussi celui qui souffle sur le carnaval, soufflera toute l'année (58). Rabelais insiste beaucoup sur le souffle anal, qui adviendra de la consommation à outrance d'aliments flatulents, de coutume au carnaval. Cependant le souffle peut sortir par le haut ou par le bas, les pendus libèrent leurs âmes par le bas, alors que Gargamelle accoucha de Gargantua par l'oreille, ayant pris un restrictif!

> Dominateur du vent et du souffle, Saint Blaise tient la gorge sous sa dépendance, qu'il l'étreigne ou la libère . . .
>
> Au niveau de cet organe se nouent la voix, la parole, le rire (Gaignebet 120)

La gorge relie Saint Blaise d'une part à la musique et au chant: sorte d'Orphée chrétien, il charme et protège les animaux; et d'autre part au vin: c'est le saint dionysiaque des vignerons. Libérateur des âmes, donc, et guérisseur, Saint Blaise était aussi au Moyen Age «le patron de tous les métiers du drap, les tisserands et les cardeurs» (81). La tige creuse du chanvre, comme le ventre de l'ours, conduit les âmes souterraines vers la lumière. Le tissage textuel et le souffle créateur se placent par conséquent sous le signe du même Saint Blaise. Une opposition entre les deux symbolise la résistance à l'écriture chez Cendrars: le travail des fibres textiles, le filage surtout, était tabou entre le 25 janvier et le 3 février par crainte de lier les vents (130), espace de passage entre la corde qui peut lier les vents ou les pendus (les cordiers de Saint Paul) et l'ordre fondé par Saint François des Cordeliers (corps déliés qui vont droit au Paradis) (113). L'interdit du textile devient chez Cendrars le tabou du textuel et du sexuel.

Sous le signe de François Villon et de son *Testament*, le cortège grotesque, d'apparence joyeuse, d'*Emmène-moi au bout du monde!* recouvre à peine la danse macabre toujours sous-jacente. Le titre, cri lubrique de Thérèse, alors que le roman s'ouvre sur la scène de copulation frénétique entre elle et son légionnaire Jean de France, alias Vérole, est repris vers la fin par la voix ironique du narrateur:

> Pour une comédienne célèbre, le bout du monde c'est le Père Lachaise. (257)

Pendant toute la scène érotique, Thérèse, vieille et laide, est décrite à maintes reprises comme «la gisante» ou «elle gisait». Une série de cinq ou six morts précède celle de Thérèse, du meurtre d'Emile à l'attaque de

Coco. Même si la vieille lâche au début le pet de l'ours, à la manière de la Grosse Margot de Villon, une piqûre d'insecte à la bouche finira par arrêter sa logorrhée et lier définitivement son souffle. «Le beau dard du mâle» (12) devient celui de la mort.

C'est des femmes qu'on dit fréquemment «qu'elle[s] se donne[nt] en spectacle» (Russo) et c'est pour assumer, l'espace d'une fête, leur manque de discipline (Turner) que les hommes se travestissent et les miment au carnaval. Malgré son âge, Thérèse représente bien la femme «naturelle donc abominable» selon Baudelaire. Les déguisements préférés des fous du carnaval les transforment soit en femmes soit en animaux. La femme le plus couramment représentée, c'est la Veuve du Carnaval, la Carême, vieille, laide et souvent enceinte (dérision très prisée du souffle de la fécondation). Son rôle est aussi celui de trouble-fête, du maigre qui vient supplanter le gras:

> Elle apparaît auprès de son mari en Carnaval, tenant d'une main une morue sèche. A l'instant précis où s'envolent les dernières cendres du bûcher de Carême-prenant, Carême triomphe. (Gaignebet 169-70)

Vieille, nue et grotesque, récitant sur scène «Les regrets de la vieille heaumière» de Villon, Thérèse véhicule toujours la vie et le souffle de la folie carnavalesque. C'est elle qui est travestie en Carmantran et dont on recueille les cendres (*Emmène-moi* 276). Son amant, alter ego et peut-être même son fils, Jean de France (équivalent masculin de la Petite Jeanne de France), après la mort de Thérèse, revêt la robe de parade et les bas de celle-ci, avec tous les bijoux de la Présidente. C'est ainsi qu'en vraie figure de Carême-prenant, il monte sur une table de caserne pour brailler une chanson paillarde. L'inscription tatouée: «La Veuve», qu'il exhibe au début, entre les homoplates, et la parure de Thérèse qui l'accompagne, font de lui un être androgyne où le Carnaval et la Carême se rejoignent. Le livre se termine lorsque la garde armée vient chercher Jean le déserteur en pleine orgie, pour le «boucler dans le trou» (282). La légende de Saint Blaise se dénoue de façon semblable, lorsque les soldats du Gouverneur de Sébaste le conduisent au supplice, celui des peignes de fer, traitement des textiles interdits: «Sa passion est celle du chanvre, du lin et de toutes les plantes textiles» (Gaignebet 130).

L'action d'*Emmène-moi au bout du monde!* défile sur un canevas intertextuel du passé: Villon, Baudelaire et Balzac surtout y figurent (ce dernier par le défi à Paris, le personnage vautrinesque de Jean et le lien tissé entre le monde des truands et celui de la police et des bourgeois). Le bestiaire traditionnel du carnaval se manifeste surtout par la métaphore et le souffle de la langue: comme l'équivalent chinois simiesque de l'homme sauvage, Jean de l'Ours, Thérèse est plusieurs fois qualifiée de singe (12, 280). Jean de France est appelé «l'heureux poilu» (19), comme un ours, et la langue de Thérèse agonisante devient pileuse et réduite à l'état de bête; elle ne peut plus parler. Les deux animaux gras sacrifiés et mangés au carnaval sont le cochon qu'on tue rituellement, et le boeuf qu'on promène d'abord par toute la ville. Le premier animal apparaît en tant que tatouage sur le bas-ventre de Jean et Thérèse commente à multiples reprises son costume de parade, agrémenté de «gnons» infligés par Jean sur sa demande, en disant: «c'est boeuf!». L'ivrognerie et la goinfrerie de mise au carnaval pimentent abondamment le dernier roman de Cendrars: la troupe de théâtre se régale chez la Mère Magne (Mange) et les beuveries, comme celle de Thérèse dans l'antre du tatoueur sont fréquentes. Après l'amour, Jean vomit «toutes les saloperies qu'il avait pu boire depuis huit jours qu'il était en perme à Paris» (17) à la manière des fous qui se vident et de Cendrars qui rejette l'écriture. La bisexualité ou l'homosexualité de la plupart des personnages correspond tout à fait aux travestissements et au renversement des valeurs morales, propres au carnaval. Les monstres mythiques trouvent aussi leur place dans le roman: les femmes-tronc, par exemple, ressemblent à Mélusine au corps informé (Gaignebet 99).

Comme Thérèse, qui travaille constamment à son costume en dépit et en dehors des traditions du théâtre: «Ça y est, je tiens mon costume et j'envoie bouler couturiers, modistes et maquilleurs . . . (23)», Blaise défie le bon goût et les critiques littéraires . . . Son ultime déguisement sera le texte d'*Emmène-moi au bout du monde!*. Il fait passer pour un «roman-roman», ce qui est en vérité son cortège funèbre carnavalesque et son testament à la Villon: Où sont les écrivains d'antan? Il se moque du Tout-Paris, pourri comme les intestins d'Emile et de Maurice, malgré le jeune talent d'une Juliette Gréco ou d'une Jeanne Moreau, par exemple. Sentant la mort venir, l'écrivain échangerait bien son souffle créateur contre la vie et les appétits de Gargantua:

> La vie est une digestion.
> Vivre est une action magique.
> Vivre. (41)

Le romancier contemple son propre passé: la Légion, Paris, le Nouveau Monde, la misère, le succès, les enfants abandonnés. Thérèse est décrite avec affection et répugnance à la fois. Portrait de l'artiste en vieille peau. La remarque sur Proust que Thérèse lui attribue:

> *Le Temps retrouvé* paru en librairie, Marcel n'avait qu'à disparaître, il n'avait plus rien à dire. (190)

se traduit aisément par:

> *Emmène-moi au bout du monde!* paru en libraire, Blaise n'aura plus qu'à disparaître . . .

«Le rideau se lève sur un cadavre» (59), le sien. Le texte tombe dans le trou obscène de la mort. Le suaire est tissé. Le bout du monde est en vue. Ecriture, vieille carne, vale!

Deux anti-romans (post)modernes: *Dan Yack* de Cendrars et *Second Skin* de John Hawkes

Dans l'analyse qui suit, je vais tenter de décrire la «rencontre fortuite» et imaginaire, avec un décalage de deux générations, de Blaise Cendrars et du romancier américain postmoderne John Hawkes, par le biais de leurs romans respectifs, *Les Confessions de Dan Yack*[1] et *Second Skin*, sur une table de dissection. Au lecteur de déterminer si une telle rencontre doit être considérée comme critère de beauté, à la manière de celle, si célèbre, du parapluie et de la machine à coudre, ou comme relevant de «l'inquiétante étrangeté» freudienne.

Dans les deux cas, il s'agit d'une confession faite par un narrateur indigne de confiance. Le temps de la narration et celui de l'histoire s'avèrent presque indissociables. L'ordre chronologique de chaque récit relève à la fois du réel et de l'illusoire. Le second volume du roman de Cendrars, *Les Confessions de Dan Yack*, se déroule dans les Alpes, au Plan de l'Aiguille, qui fournit le titre du premier, sans en être le site. La narration, dont la forme diachronique contraste avec la fragmentation désordonnée des événements racontés, s'étend à peine sur huit mois. Ces événements recouvrent une période floue, se référant par endroits au premier volume ou à l'intervalle-ellipse entre les deux textes, pendant et après la guerre. Dans *Second Skin*, la «naked history» (histoire mise à nu) de Skipper suit un parcours analogue: son acte de narration dans la «floating island» (île flottante), d'où il écrit, les pieds appuyés sur «a rotted sill» (un seuil pourri), évocateur du Danemark d'Hamlet et du monde en général au lendemain de la guerre, coïncide avec la période de gestation de Catalina Kate, objet aimé de Skipper dans son île tropicale. Le récit commence à l'époque de la petite enfance de Skipper, au moment de la mort de son père, et se termine sept ans avant le temps de la narration, ellipse qui insinue les sept ans de malheur qui, selon une vieille superstition, vont s'ensuivre lorsqu'un miroir se brise.

Dans les deux romans, les événements mêmes sont subordonnés à la reconstitution de ce miroir, à travers leur re-lation et leur re-mémoration. La trajectoire intérieure du narrateur prend la forme d'une régression vers les hallucinations du corps morcelé, qui précèdent parfois le stade du miroir de Lacan. Dans ce cas, le stade en question finira par être atteint, moyennant le réassemblage progressif et sporadique d'un moi absent, décentré ou brisé comme le miroir.

Dan Yack et Skipper révèlent les éléments essentiels de leur passé dès les toutes premières pages de leurs récits respectifs, quitte à les développer plus loin; par conséquent, ce n'est jamais par le suspense que

Hawkes maintient l'intérêt du lecteur. Le début du récit de Skipper, où il s'agit de son exode pendant la guerre, avec sa fille Cassandra et sa petite-fille Pixie, de la Californie jusque dans le Maine de l'île maléfique de Miranda, raconte leurs mésaventures au cours de ce voyage, dont le comble du malheur sera le suicide de Cassandra. Cet épisode, si difficile à accepter, se termine par le départ précipité de Skipper qui quitte l'île avec Pixie. La narration est souvent entrecoupée d'analepses et ponctuée de descriptions paranarratives des activités présentes dans l'île tropicale. A cause de la «folie méthodique» de ses techniques narratives fragmentaires[2], Hawkes s'est lui-même référé à son écriture comme préservant la vérité d'un tableau fracturé («a fractured picture») («John Hawkes: An Interview»), ce qui souligne, une fois de plus, le thème du miroir brisé et les allusions fréquentes à du verre cassé, chaque fois que Skipper doit confronter «la sorcière» Miranda.

Cendrars, par contre, semble surtout s'intéresser aux effets sonores, aussi Dan Yack dicte-t-il ses confessions au dictaphone, sur des rouleaux destinés à une dactylo, et celle-ci devient une sorte de narrataire et d'amoureuse imaginaire. Dan Yack a déjà vécu la plupart de ses aventures dans le premier volume. Dans le second, il construit son récit, lui aussi, autour d'un événement insoutenable: la mort de son épouse Mireille. Sa narration, comme je l'ai déjà souligné, est constellée de digressions, d'analepses et de fragments du journal de la jeune femme. Il laisse échapper l'affreuse vérité plusieurs fois, et dès les pages d'ouverture: «Mireille est morte!», mais il ne révélera les détails et les circonstances de la tragédie en question qu'à la fin du livre, exactement comme le fait Skipper à propos du suicide de Cassandra. Dans les deux cas, la jeune femme décédée tant regrettée cadre le récit du narrateur, créant ainsi une structure érotique externe, tout en se faisant intérioriser ou introjecter par l'acte narratif. Les pages du journal de Mireille, qui avaient fait partie, à l'origine, d'un autre corpus, sont incorporées à l'histoire de Dan Yack par la voix de celui-ci, qui, en les dictant, s'approprie le «moi» de Mireille et parle en son nom.

Un essai de Claude Leroy sur *Dan Yack* s'intitule «Le Jeu dans l'île». Les jeux de mots sur «je/jeu» et «il/île» en appellent un autre en anglais sur «island» (île), qui pour Skipper et Dan Yack se permute en *I-land* (terre du moi) ou *ego-land*. Une ellipse temporelle et la transition d'une vision négative à une optique utopique distinguent les deux îles de Skipper, ainsi que les deux romans de Cendrars.

Par ailleurs les deux îles de Dan Yack—c'est-à-dire Struge dans l'Antarctique et Chiloë au large du Chili—après avoir fourni le décor du premier roman, se reflètent dans la structure du second, où Dan Yack s'est arrêté de voyager, afin d'explorer son for intérieur. D'où l'embrayage à la première personne et la répétition à outrance du pronom «je» au commencement des *Confessions*; dans *Second Skin* aussi, Skipper utilise fréquemment la première personne du singulier, à la manière des petits enfants.

Pour Skipper, la première mue consiste à se détacher de sa famille mortifère. Il commence par abandonner Pixie, unique survivante du clan, puis il entreprend d'éliminer tous les autres parents déjà morts, en les (d)écrivant au fur et à mesure qu'il compose ses mémoires, tandis qu'il se (re)crée lui-même par le même processus. Tel Hamlet, il a besoin d'un fleuret/leurre (en anglais «foil» = fleuret ou leurre) afin de se défendre contre son ennemi: il utilise sa plume pour se protéger de ses propres tendances suicidaires et transforme ainsi les corps (cadavres) de ses proches en corpus autobiographique. D'après la théorie d'André Green (277), il y aurait une grande affinité entre le deuil et l'état amoureux, et le deuil sied à Skipper.

Une fois qu'il a raconté la mort de Mireille et qu'il a rapporté la fin sinistre de son ex-maîtresse Hedwiga, dévorée vivante par une truie pendant la guerre, Dan Yack domine également sa propre pulsion de mort et résiste à la tentation de se tuer au volant de sa voiture de course. Il s'installe, lui aussi, dans une nouvelle vie, à Paris cette fois-ci.

Cendrars et Hawkes ont tous deux exprimé leur affection pour ces protagonistes souvent maladroits et parfois comiques, à cause de leur flexibilité et de leur instinct de survie dans un monde hostile. Leurs situations se ressemblent étonnamment. Tous deux sont orphelins de parents semblables: une mère malheureuse et fragile et un père qui s'est suicidé. Chacun d'eux s'en revient d'une guerre atroce, ayant perdu tout désir sexuel: Skipper subit l'impuissance, Dan Yack choisit la chasteté. Ils ont tous deux perdu une femme aimée au rôle ambigu; pour Skipper il s'agit de sa fille Cassandra, dont il rêvait secrètement de faire son épouse incestueuse, et pour Dan Yack de sa femme-enfant platonique Mireille, qu'il traitait comme sa fille. A la clôture de chaque roman, le narrateur fête son anniversaire—le 52ème de Dan Yack et le 59ème de Skipper—ce qui représente dans les deux cas l'achèvement de leurs confessions et un nouveau départ dans la vie en compagnie d'un enfant: Dan Yack a adopté un petit orphelin de guerre russe, et Skipper devient le père putatif du bébé de Catalina Kate. La présence de l'enfant leur procure une sorte d'*imago*: ils voient enfin quelqu'un dans la glace et au centre. A plus de cinquante ans, Dan Yack et Skipper finissent par passer le stade du miroir, normalement applicable aux enfants de six à dix-huit mois!

Le «fils» de Dan Yack cadre *Les Confessions*: au début, ce n'est qu'un enfant hypothétique, évoqué par les souvenirs d'Hedwiga et de Mireille, mêlées dans l'esprit de Dan Yack. A la fin, il a vraiment adopté un petit garçon qu'il appelle Dan Yack, comme lui-même, bien qu'il s'appelle en réalité Nicolas, comme le fils disparu d'Hedwiga et d'un autre. Tous deux orphelins, Dan Yack le narrateur et l'enfant Dan Yack se confondent en un seul et même personnage. Le récit de Skipper se trouve cadré de façon analogue par la présence du bébé Pixie, fille de Cassandra. Au commencement du roman, Skipper se regarde dans un miroir avec elle, discernant ainsi dans leur double image un air de famille: «. . . for our innocent amusement the unhappy expression worn once by those whom she and I—Pixie and I—had survived» (2) («comme pour nous distraire innocemment, l'expression qui caractérisait ceux à qui nous avions survécu, Pixie et moi . . .»).

A la fin de la narration serpentine («serpentine tale») de Skipper, ce dernier se rend au cimetière pour y enterrer un pot à confiture, probablement vide, et qui, d'après Miranda, contiendrait un foetus arraché au cadavre de Cassandra. Le cadre extérieur du présent de la narration de Skipper boucle la boucle, lorsque naît le bébé de Catalina Kate. Il s'agit cette fois-ci d'un enfant mâle, dont le père, selon Kate, ne serait ni Skipper, ni Sonny, son alter ego noir, puisque «Him look like the fella in the grave» («lui ressemble au type de la tombe») (209): comme Skipper et Pixie, il est le fils d'un père mort. La petite fête («little fete») qui a lieu au cimetière pour célébrer la naissance de l'enfant exorcise en quelque sorte l'enterrement du foetus et rappelle en même temps l'enfance de Skipper, passée dans la morgue où travaillait son père. Comme la tombe sans inscription sur laquelle piqueniquent Skipper et sa nouvelle famille, le bébé demeure sans nom et sans dates («no names, no dates»), à tel point que le lecteur pourra douter de son existence.

Libéré de son douloureux passé, Skipper le narrateur mène une existence pastorale idyllique dans l'île de Kate, univers simplifié d'enfants et d'animaux, où il travaille comme inséminateur artificiel de vaches. Kate elle-même pourrait aussi bien être l'une des vaches et son «little black fuzzy baby» («petit bébé noir velu») un veau. Dans le premier volume, *Le Plan de l'Aiguille*, présenté par Cendrars comme relevant «de la brute et de l'animalité», Dan Yack se retrouve le seul survivant humain de l'île de Struge, en compagnie d'un pétrel des neiges et d'une éléphante de mer. Il termine ses confessions du deuxième volume dans une posture infantile et animale, à quatre pattes et au pas de course, avec son fils adoptif et un petit lapin rose, tandis qu'une tortue géante occupe la baignoire.

Les deux hommes finissent par régresser au-delà de l'enfance, vers un espace utérin. L'île tropicale (imaginaire) de Skipper est chaude et marécageuse, correspondant à peu près à la description de Kate comme ayant la peau mouillée («wet skin») et de la transpiration sur le front («sweat on her brow») (207). Pour Dan Yack, la matrice perdue puis retrouvée sera, comme pour Cendrars, «Paris, Port de Mer», Paris qui avait hanté les rêves érotiques des camarades d'armes désespérés de Dan Yack, Paris où il avait vécu heureux avec Mireille et où il décide de prendre racine à la fin du roman. Il y convertit son appartement en une pièce unique, pour retrouver une simplicité primaire et se recréer une île au coeur de la capitale.

Une nouvelle imago s'est formée, grâce au travail de la mémoire et de la reconstitution d'un passé insoutenable; l'île sinistre de la côte atlantique et la tragédie de Cassandra se sont métamorphosées en Catalina Kate et en l'île errante («wandering island»), où le passé s'assimile à l'état catatonique engendré par le paradis bovin de Skipper. Quant à Dan Yack, il se trouve un «modus vivendi» qui est à la fois d'avant-guerre et post-Mireille: il parvient à restituer la solitude glaciale mais paisible de Struge, loin des perturbations du désir, dans son appartement parisien, remodelé pour ressembler à la hutte de l'Antarctique du premier volume.

Hawkes a donné au premier chapitre de *Second Skin* le titre approprié de «Naming Names» (littéralement «nommer les noms»). Dans chacun des deux romans, la régression du narrateur commence par la perte originelle ou le rejet de son patronyme ou nom du père. Nous n'apprenons jamais celui de Skipper, et Dan Yack refuse d'utiliser le sien, William, car sa situation de fils du patron lui dérobe toute identité depuis des années. Ainsi mutilés de naissance, Dan Yack et Skipper n'ont retenu que leur prénom, qui, dans les deux cas, connote leur besoin d'avouer un état de manque. Skipper (traduit en français par «Capiston») n'est qu'un surnom, avec une référence ironique à l'autorité d'un capitaine de vaisseau, ainsi qu'à son nomadisme et à la qualité hétéroclite, fragmentaire et fondamentalement malhonnête de son récit: «to skip» signifie également «sauter», «mettre» ou «partir sans payer». Son prénom véritable, Edward, n'est prononcé que dans certains passages analeptiques, par des personnages déjà morts à l'époque de la narration: ses parents et sa femme Gertrude. Edward réapparaît à la fin, sur un registre comique: dans l'île tropicale, l'homologue de Skipper est un boeuf, c'est à dire une bête châtrée!

Tandis que «Dan» évoque son courage pendant la guerre (Daniel dans la fosse aux lions) et ses voyages (Daniel Boone), «Yack» se réfère à un animal très résistant, capable de se tenir face aux vents polaires tout l'hiver durant, un peu comme Dan Yack à Struge. «Yack» en argot nord-américain signifie aussi une personne stupide ou naïve, une plaisanterie, puis les verbes «plaisanter», «rigoler» ou «jaser» (caqueter), sens qui caractérisent tous ce personnage anglo-saxon de Cendrars, avec son besoin perpétuel de se raconter et son «grand éclat de rire» toujours recommencé. C'est ainsi qu'il exprime sa joie ou sa douleur indifféremment; il s'agit précisément de ce que Samuel Weber définit en termes post-freudiens comme «. . . l'incontrôlable éclat de rire—et pour Freud le rire c'est toujours une sorte d'explosion—qui détermine et décide du niveau de la plaisanterie et en même temps, de celle du moi qui se raconte» (ma traduction). Dans son acte (auto)créateur de narration, qui relève également de l'autodérision et de l'autoexpulsion, la logorrhée de Skipper s'accompagne non pas de rires mais d'absorption de nourriture et de vomissements, autre manière de «sauter» («skip») les faits indigestes. Sur un plan symbolique, tel le titan Chronos, il dévore puis régurgite ses propres enfants. Ces festins consistent principalement de «chicken» (poulet) et de «candy» (confiseries), les deux surnoms attribués à Cassandra par Fernandez et par Miranda respectivement. Skipper vomit son dîner le soir du mariage de Cassandra et de Fernandez et le jour où il retrouve Fernandez mort, puis dans l'antre du tatoueur qui lui marque la poitrine au fer rouge du nom de son gendre, il tente «d'expulser une chauve-souris de sa poitrine». En mer, où il devrait se sentir dans son élément, Skipper est honteusement terrassé par le mal de mer, ce qui lui permet, sur son propre bateau, comme sur celui de Red, de faire l'autruche et d'ignorer l'accomplissement du mal, sous forme de mutinerie ou de viol, par exemple.

Les derniers mots de chaque livre: «Still voice» («la voix tue») (Hawkes) et «vide» (Cendrars), semblent annoncer la mort. Leurs histoires racontées, Dan Yack et Skipper restent suspendus dans le temps et dans l'espace, s'étant auto-engendrés comme Artaud, toujours inadaptés et, tels le protagoniste d'Arthur C. Clarke à la fin de *2001* (218), face à une vision de lui-même comme nouveau-né, au degré zéro du carrefour de la vie antérieure et de l'après-vie. Leur silence final s'apparente à celui du foetus in utero, avant que la langue ne se délie, ou à celui de la mort, lorsque la langue a cessé de fonctionner. Une langue tue, c'est aussi une langue coupée, l'espace/manque de la sexualité féminine perçue par Freud, lieu où les narrateurs inscrivent leur propre féminité et celle de l'écriture qui reproduit et donne la vie, alors que leur masculinité se manifeste par un objet phallique: l'enfant/livre entre les mains du lecteur.

La régression de Dan Yack et de Skipper par l'écriture ne correspond pas seulement à une quête intérieure précipitée par des difficultés d'ordre personnel, mais elle reflète aussi, dans un speculum extérieur, la désintégration sociale entraînée par la guerre dans les sociétés occidentales. De surcroît, ces deux niveaux interne et externe se touchent de près: la guerre procure un passé collectif à tout-le-monde, en marquant simultanément chacun d'une cicatrice psychique individuelle. Peu importe que Dan Yack ait vécu la première guerre mondiale et Skipper la deuxième; le résultat demeure le même. Bien qu'à l'origine ce ne soit pas la guerre qui avait fait de nos deux (anti)héros des inadaptés sociaux, une fois qu'ils en avaient fait l'expérience, par leur lutte contre la mort et par leur quête d'une nouvelle identité, ils sont devenus des paradigmes de l'homme d'après-guerre. Lucy Frost a écrit à propos de *Second Skin*: «The goals of a nation mobilized for war are destruction and death. These goals are Skipper's personal antagonists, and without the wartime setting, Skipper's struggle would be private. In Hawkes' treatment, Skipper becomes a representative man, his struggle emblematic» («Les objectifs d'une nation mobilisée pour la guerre demeurent la destruction et la mort. Ces objectifs-là sont les antagonistes personnels de Skipper et sans la toile de fond de la guerre, la lutte de Skipper se limiterait à sa vie privée. Dans l'optique de Hawkes, Skipper devient l'homme universel et sa lutte emblématique») (54).

Les expériences de guerre de Skipper, qui ont lieu entre la mort de son père et celle de Cassandra, avant les épisodes insulaires, se regroupent au gré de son récit en une série de scènes d'horreur combinant sexe et violence: le viol de Skipper par Tremlow sur le bateau de ce dernier, le mariage cauchemardesque de Cassandra avec le nain homosexuel Fernandez, puis la découverte de celui-ci avec son amant, assassinés et mutilés dans un bordel. Cette dernière scène, vision paradigmatique de la désolation de l'après-guerre, située «on the first night after they stopped the war»(«la première nuit après qu'ils ont mis fin à la guerre») (204), laisse seul et désemparé le faux couple que constituent Skipper et Cassandra. Dan Yack fait la connaissance de Mireille le jour de l'Armistice, 1918. Son commentaire sur la guerre: «On dit que la guerre a tout bouleversé, je crois qu'elle a surtout bouleversé l'amour» (170), explique son incapacité, et celle de Skipper, d'avoir une quelconque relation hétérosexuelle satisfaisante, ces choses-là étant desormais reléguées au passé. Contrairement à Skipper, Dan Yack avait toujours mené une lutte active, mais comme lui, c'est un voyeur, et son souvenir le plus inoubliable de la guerre demeure l'affreuse frustration sexuelle de ses camarades soldats, qui, devenus fous de désir dans le désert, se consolaient tant bien que mal par la pratique de diverses formes d'auto-mutilation, allant du tatouage à la castration, ce qui fait encore écho à l'état asexué de nos deux anti-héros après la guerre. La formule de Hawkes, «Design and Debris» («Dess(e)in et débris»), de son roman *Travesty*, décrit bien les rapports entre la guerre et la fiction: si la guerre représente le chaos résultant d'un dessein, la fiction crée de nouveaux dess(e)ins à partir des débris qui restent.

La comparaison entre ces deux romans a recréé les reflets prismatiques d'une galerie de glaces. Dans cette optique, je voudrais examiner deux dernières séries d'oppositions binaires: d'abord entre le masculin et le féminin, puis entre le mobile et le statique.

La première de ces configurations, dans les deux romans, marque le nom d'un homologue féminin du narrateur. Celui de Mireille donne «mire-oeil» et fait d'elle le «point de mire» de la narration. Son point de vue sera donc à la fois reflété et reflétant, focalisé et focalisant. Elle représente simultanément l'alter-ego voyant de Dan Yack et l'objet-victime de son voyeurisme. «Miranda» en espagnol signifie «regardant» au féminin: à la fois voyeuse et voyante, ce personnage de femme non seulement observe continuellement Skipper, mais grâce à un don singulier parvient à évoquer et à reproduire métaphoriquement les divers épisodes dramatiques de son passé qu'il voudrait tant oublier.

Le nom de Miranda contient aussi «Mirror» (miroir) et «mire» (boue). Elle manipule Skipper en ressuscitant ses souvenirs les plus fangeux par toute une gamme de mises-en-scène: en coupant cinq tétines de biberon elle évoque les cinq doigts tranchés de Fernandez; en exposant ses fesses nues elle rappelle à Skipper l'agression de Tremlow, etc. Skipper l'admire/la mire de loin, tout en sentant confusément que le masculin en elle se moque du féminin en lui. Il finit par exorciser Miranda par l'écriture, comme ses parents morts, alors qu'il assume par procuration la virilité de cette femme, en devenant inséminateur artificiel.

L'androgynie de Skipper paraît évidente dès le départ, lorsqu'il s'imagine en Iphigénie ou en Antigone. De toute façon, les tendances homosexuelles qu'il dévoile en racontant les épisodes de Tremlow, de la mort de Fernandez et de sa relation avec Sonny, se manifestent tout au long de *Second Skin*. Dan Yack, à travers son identification avec la transsexualité latente de Mireille, s'avère d'une nature tout aussi ambigüe. Mireille s'effondre, et finit par en mourir de honte, lorsque Dan Yack insiste qu'elle incarne à l'écran son moi le plus secret, le personnage de Gribouille, petit garçon qui rêvait d'être une fille. Ce dernier rôle se révèle être l'ultime identité spéculaire de Dan Yack, alors qu'il incorpore le journal de la jeune femme au sien.

Le désir de faire concurrence aux arts visuels par un processus de mimétisme ou de mise-en-abyme constitue un autre point commun entre l'Avant-garde et le Postmoderne. C'est aussi un point de divergence entre Cendrars et Hawkes: à eux deux, ils forment une configuration statique/mobile, car si la prose en mouvement perpétuel de Cendrars a été qualifiée de cinématographique (Parrot 55), les plans stylisés et les figures emblématiques de Hawkes s'apparentent davantage à la photographie.

Dédicacé à Abel Gance, *Le Plan de l'Aiguille* s'ouvre en zoom sur les bouffonneries d'un Dan Yack jeune et ivre. L'entrée en matière des *Confessions*, où Dan Yack suit une femme dans un magasin de phonographes Pathé, se lit comme un scénario de film, et les deux volumes s'accompagnent en quelque sorte d'une bande sonore (voir Dumay). Dan Yack a l'air de se mettre en scène, plutôt que de s'écrire. Cendrars transpose souvent des techniques cinématographiques, comme celle du faux-raccord, en écrivant. Par exemple, au chapitre 6 des *Confessions*, Dan Yack se réveille dans sa chambre d'hôtel au son de chants d'oiseaux en voix-off, ce qui est suivi d'un raccord en «flashback» avec d'autres oiseaux, qui chantaient sur les barbelés, au front. Cendrars fait aussi un usage abondant d'intertitres, à la manière des premiers cinéastes soviétiques et plus tard de Godard. Par exemple, PARIS, écrit sept fois en majuscules, forme une Tour Eiffel horizontale (210), idéogramme de la chasteté imposée aux soldats. Par ailleurs, le cinéma représente l'un des principaux thèmes du roman, il s'agit d'abord de la distraction préférée de Mireille et de Dan Yack, puis ce dernier fondera pour elle la «Société des films Mireille». Cette entreprise permettra dans un premier temps à la jeune femme de devenir une vedette, mais finira par provoquer sa mort.

Le premier chapitre de *Second Skin* prend l'aspect d'un album-photos de famille et révèle en même temps par fragments les événements décrits plus loin, plutôt sous forme de tableaux que de séquences cinématographiques. Ponctué d'images reptiliennes, d'objets-fétiches et de schémas de couleurs, le roman se lit comme une série de photos dans un album: Skipper, les pieds appuyés sur le seuil pourri, Skipper devant la glace avec Pixie, le cadavre de Fernandez étranglé, Miranda brandissant une bouteille de bourbon Old Grand-Dad, etc. En outre, Hawkes établit par la juxtaposition de deux photographies aperçues dans la cuisine de Miranda une parfaite mise-en-abyme de la lutte entre Eros et Thanatos chez Skipper, où se joue le problème de son impuissance. L'une, pleine de vie, c'est «a photography magazine tossed open to a glossy full-page picture of a naked woman» («une revue de photographie, nonchalamment ouverte à un portrait grand format sur papier glacé d'une femme nue») (54); l'autre, un souvenir de guerre, représentait le mari que Miranda y avait perdu: «La photo était signée 'Don' et il avait un visage maigre si jeune et si pâle, que je savais, même d'après cette seule photo, que Don était mort» (54, ma traduction). Le portrait esquissé par Hawkes de Skipper contemplant ces images, illustre très bien la remarque de Susan Sontag que «le fait de photographier a établi un rapport de voyeurisme avec le monde, ce qui ramène le sens de tous les événements au même niveau» (11, ma traduction).

Pour conclure, la présente comparaison n'est qu'un trope, fiction au deuxième degré, qui, en juxtaposant deux textes, crée l'illusion d'une troisième réalité dans l'esprit du lecteur. La fonction des tropes est régressive, car, comme l'a indiqué William Gass, ils

> ont permis au texte de fiction de s'imaginer qu'il n'était pas de la fiction et, par conséquent, ce qui est encore plus important, de faire comme si ses rapports avec le monde étaient d'ordre littéral

> et non pas simplement littéraires—tromperie ardemment désirée et par le lecteur et par l'écrivain. (1982, ma traduction)

On notera les verbes au passé: c'était avant l'ère postmoderne. Si le désir n'existe plus, comment feindre la tromperie? Déception ou dissection? Voilà la question qui nous ramène au point de départ et clôt le cercle de ce texte, qui se mord la queue à la manière d'Ouroboros, le serpent des alchimistes. En anglais «tail» (queue) est l'homophone de «tale» (conte ou récit): après avoir longuement bavardé («yacked»), nous avons sauté («skipped») d'une table de dissection critique imaginaire au désir d'une fable de déception fictive.

LE JOURNALISTE

Feuille de houx/oeil de fou: le *Hollywood* de Blaise Cendrars

> Hollywood: bois de houx
> Holy wood: plein de trous
> Wholly wood: entièrement fou[1]
> Holy wood: culte du saint sou
> (G.M.M.C. à la manière de Rrose Sélavy)
>
> Or ces pensées mortes depuis des millénaires
> Avaient le fade goût des grands mammouths
> gelés
> Guillaume Apollinaire (35)
>
> . . . it is standard for anyone writing about Hollywood to slip out of the economic reality and into a catchier metaphor, usually paleontological
> Joan Didion (155)
>
> Le vent qui vient à travers la montagne
> Me rendra fou.
> Victor Hugo (1076)

Ce texte a été lu en février 1988, à Claremont en Californie, tout près de la cité des stars, à peine trop tard pour dire «bon anniversaire, Blaise!» et «Happy Birthday, Hollywood!», l'année de leurs centenaires respectifs étant tout juste révolue. Pourtant ce sentiment d'être en périphérie, ce presque et ce pas tout à fait, convient parfaitement au texte hybride, difficile à cerner et souvent passé sous silence qu'est *Hollywood, la mecque du cinéma.*[2]

La plupart des critiques tournent autour de ce texte, tout comme Blaise contourne son sujet. Louis Parrot l'appelle en passant: «cette savoureuse explication d'Hollywood» (64). Jay Bochner mentionne les voyages en Californie de Cendrars, cite sa définition du reportage: «Il ne s'agit pas d'être objectif. Il faut prendre parti. . .» (190),[3] puis relate les péripéties du film *Sutter's Gold*, sujet soigneusement évité dans *Hollywood.* Monique Chefdor, qui s'y attarde davantage, décrit *Hollywood* comme «the most extravagant piece of imaginary reporting» (108-10). Elle relève l'antinomie entre Hollywood réinventé par Cendrars et les références précises à «l'usine d'illusions» qu'il y découvre. Dans sa biographie de Blaise, Miriam Cendrars reproduit aussi le passage sur le bon reporter (498-91) et insiste sur l'amitié de l'artiste Jean Guérin, ainsi que sur la rencontre d'Al Jennings, épisode d'*Histoires vraies*, non pas de *Hollywood.* Dans le premier article un peu fouillé sur Cendrars et le cinéma, Francis Vanoye souligne l'attitude subjective de l'écrivain, offensé par le matérialisme industriel de Hollywood. Il cite la boutade postérieure de *Blaise Cendrars vous parle*: «le divorce prononcé entre le cinéma et moi pour incompatibilité d'humeur» (633). Vanoye trouve une pulsion de mort sous-jacente aux relations qu'entrenait Cendrars avec le cinéma: «Le cinéma de Cendrars est dans le double jeu du travesti et de l'écorché» (196), idée qui rejoint mon interprétation carnavalesque de l'oeuvre, et puisée dans «des magazines à scandale», plutôt que cherchant à apporter un véritable témoignage aux lecteurs. Masson compose ensuite un programme idéal, qu'il imagine correspondre aux désirs frustrés d'un Cendrars avide de rencontres et d'information à Hollywood. Là, déjà, les remarques les plus séduisantes s'éloignent de *Hollywood*, pour faire place à une «filmographie imaginaire» de Cendrars et pour analyser sa relation avec Epstein. Finalement, à Cerisy, en 1987, Michèle Touret en a dit plus long que quiconque sur *Hollywood*, surtout à propos de la transition du reportage pour Paris-Soir au texte plus littéraire, «très travaillé» des *Oeuvres complètes*, auquel Cendrars a soustrait la majorité des intertitres et ajouté deux chapitres: «La Cité interdite» et «Mystique du 'sex-appeal'». Aussi ne m'attarderai-je pas sur le reportage paru par épisodes en mai-juin 1936, afin de me concentrer sur le texte remanié, qui en résulta trois mois plus tard.

Passons donc de la feuille de chou (*Paris-Soir*) à la feuille de houx, qui prête sa forme au calligramme en exergue de *Hollywood, la mecque du cinéma*. Les titres de deux films d'Agnès Varda—*Murs murs* et *Documenteur*—tournés justement à Hollywood, auraient très bien convenu au texte de Cendrars: le lecteur s'y balade comme ce dernier dans la ville californienne, se heurtant à un mur après l'autre, que ce soit la «muraille de Chine» imaginaire (411, 418) ou le mur qui entoure chaque studio: «mur qui sépare la vie du rêve» et en même temps «véritablement un mur de pierres» (427), à l'écoute du souffle créateur mi-vrai mi-mensonger de l'écrivain, lui-même à l'affût du murmure de Hollywood.

Le premier rempart de la citadelle des stars, c'est son nom/non, nomenclature et refus. Comme un lieu sacré, saint des saints, «holy of holies» (les mots *holly*: «houx», et *holy* = «saint», ont la même origine), le monde des studios demeure quasi-hermétique au passage de Cendrars. De même ce texte, intitulé *Hollywood*, sans vraiment pénétrer l'enceinte de la métropole, peut déconcerter le lecteur. Le titre a été changé de *Hollywood 1936* à *Hollywood, la mecque du cinéma* et n'entre pas qui veut à la Mecque!

Reporter, touriste, voyeur et même auteur-en-titre, puisqu'on tournait *Sutter's Gold*, Cendrars a vu et noté certains détails pertinents—il s'est entretenu avec diverses personnalités, il fut reçu à la MGM, mais il resta la plupart du temps en marge de la capitale/spectacle du cinéma, qu'il devait se représenter de l'extérieur. Revenons donc à la surface du texte, à ce calligramme en feuille de houx qui n'avait pas figuré dans *France-Soir*, et au nom lourd de sens, au mot trou-de-serrure, «trou dans le mur» (419), Hollywood.

La dédicace multiple et fantaisiste du calligramme indique déjà le peu de substance du «reportage», tout en tissant la trame du désir et de l'imaginaire à travers la chaîne du témoignage: la dédicace s'adresse d'abord à Pierre Lazareff et à son équipe de *Paris-Soir*. Cendrars passe ensuite «à mes amis de Hollywood», compagons buveurs, parmi lesquels Jean Guérin, dont les dessins, omis de l'édition Denoël, puis restitués par Ramsay-Poche, devaient illustrer le livre, d'abord publié par Grasset. Guérin serait la seule personne, selon Miriam, qui aurait un tant soit peu ouvert les studios à Blaise. Celui-ci, dans sa dédicace, remercie d'autres Français pour ce service: Robert Florey, Charles Boyer (qu'il affirme pourtant plus loin avoir manqué!) et Jacques Théry. Entre les deux groupes d'amis, la «Marquise de Santa Barbara, de Bonair et autres lieux dans les collines» . . . Dis, Blaise, sommes-nous bien loin de Hollywood? Ensuite Cendrars dédie son texte «à toutes les jolies filles de la ville». Comme dans *Les Pâques*, la ville subit un déplacement onirique; on ne sait plus très bien de laquelle il s'agit. Cocasse et avec son penchant habituel pour l'androgynie, Cendrars nomme une des filles KA BALZAC: Zambinella perdu(e) ou simplement la *K*atin Littérature, qui sait? Pour terminer, entouré d'un espace blanc, s'inscrit à la main, au coeur d'un coeur transpercé d'une flèche, le titre du premier texte: *Hollywood 1936*, avec la date en verticale. De part et d'autre, au-delà de chaque espace blanc, des noms enfantins: Crâneur le chien, la Menteuse et Motus le chat réinventent Walt Disney, et «La Générale» évoque Buster Keaton—personnages de son mythe personnel du cinéma plutôt qu'interviewés à Hollywood. Blaise clôt le calligramme avec son propre nom, en clin d'oeil à la Hitchcock.

Vient ensuite une préface, ajoutée, elle aussi, au reportage, «holy, full of holes» («plein[e] de trous») (expression attribuée plus loin à l'organisation américaine [424] et, par extension, au systême des studios). La préface annonce les lacunes du texte qui suit. A en croire l'auteur, il manquerait l'essentiel, comme, par exemple, ses idoles Charlie Chaplin et Louise Fazenda, qui n'avaient pas voulu le recevoir, les dessins animés de Walt Disney et diverses aventures résumées, voire inventées, comme autant de scénarios restés en plan.

Murs et pré-textes franchis, on arrive enfin au texte, dont la première partie reprend le titre du reportage: *Hollywood 1936*. Ouverture en travelling au grand angulaire: «Des rues. Des rues. Des rues. Des rues» (394). D'autres villes viennent se superposer en fondu enchaîné à celle dont il est question: «Hollywood qui tient à la fois de Cannes, de Luna-

Je dédie ces pages fugitives

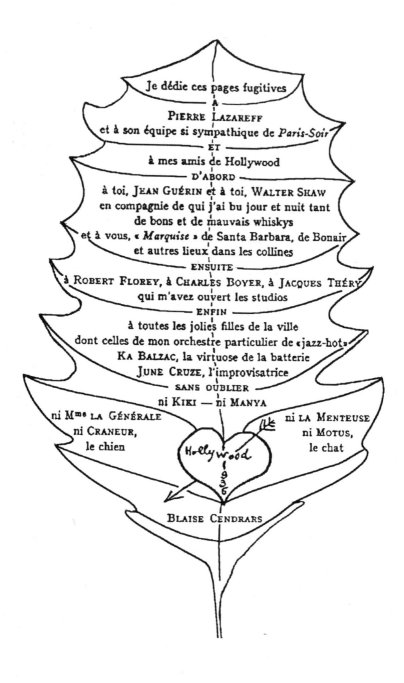

À

PIERRE LAZAREFF

et à son équipe si sympathique de *Paris-Soir*

ET

à mes amis de Hollywood

D'ABORD

à toi, JEAN GUÉRIN et à toi, WALTER SHAW
en compagnie de qui j'ai bu jour et nuit tant
de bons et de mauvais whiskys
et à vous, « *Marquise* » de Santa Barbara, de Bonair
et autres lieux dans les collines

ENSUITE

à ROBERT FLOREY, à CHARLES BOYER, à JACQUES THÉRY
qui m'avez ouvert les studios

ENFIN

à toutes les jolies filles de la ville
dont celles de mon orchestre particulier de «jazz-hot»
KA BALZAC, la virtuose de la batterie
JUNE CRUZE, l'improvisatrice

SANS OUBLIER

ni KIKI — ni MANYA

ni Mme LA GÉNÉRALE
ni CRANEUR,
le chien

ni LA MENTEUSE
ni MOTUS,
le chat

Hollywood
1936

BLAISE CENDRARS

Park et de Montparnasse est une merveilleuse improvisation». De toute évidence, le Hollywood improvisé sera celui de Cendrars!

Après quelques banalités: «la ville des jeunes» et les taxis conduits par «des Mexicains indolents» (395), Blaise multiplie les allusions au nom de Hollywood «ville porte bonheur» et à «toucher du bois». En folklore, le houx porte bonheur à Noël et amène la malchance si on le garde dans la maison après Nouvel An: la visite de Cendrars a eu lieu début février, le houx devait donc rester (en) dehors. Quant au bois, «wood», l'écrivain fait bien flèche de tout bois et perce de sa plume le coeur du «holy of holies», entre Craneur et Motus, entre le trop et le pas assez. *Wood(e)* en vieil anglais signifiait «fou», d'où mon homophone «wholly wood», tout de bois ou complètement fou. Je voudrais m'attarder un instant sur le concept de fou et de folie. Si ce texte est une histoire de fou, au moins trois sens du terme y convergent. Le sens habituel de dément qui s'écarte de la norme peut s'appliquer métaphoriquement aux excès de Hollywood et au compte rendu de Blaise. Le sens de bouffon convient également au show business. Par ailleurs, on retrouve le sens carnavalesque de fou, tel que le définit Claude Gaignebet:

> Etre fou, c'est avoir la tête suffisamment vide, l'esprit assez libéré de préoccupations quotidiennes pour que le pneuma puisse nous remplir et parler directement par notre bouche. (51)

Gaignebet établit ici le rapport entre la folie et l'inspiration. Cendrars arrive à Los Angeles à l'époque de la Saint Blaise, jour du souffle libéré. Cette vision libérée du poète se rapproche de sa description de l'oeil de la caméra dans *L'ABC du Cinéma*:

> cet oeil est plus merveilleux, plus arbitraire que l'oeil à facettes de la mouche. Le cerveau en est bouleversé. Remue-ménage d'images. . . . le réel n'a plus aucun sens. Aucune signification. Tout est rythme, parole, vie. (162)

On y retrouve en même temps l'oeil de fou de mon titre et la redéfinition complexe du reportage dans *Hollywood*, qui a retenu l'attention des critiques: «Il ne s'agit pas d'être objectif. Il faut prendre parti. . . . l'écriture n'est ni un mensonge, ni un songe, mais de la réalité, et peut-être tout ce que nous pourrons jamais connaître du réel» (413). Le lecteur constatera vite que mensonge, songe, imaginaire et réel se condensent dans la réalité codée de l'écriture cendrarsienne.

Le triple schéma du travail du rêve s'intègre à la structure (ou à l'anti-structure) de ce texte. Le déplacement survient un peu à tous les niveaux. Dans la deuxième partie, «La cité interdite», il n'est que peu question de Hollywood, mais en rapportant ses conversations dans le train entre Chicago et Los Angeles avec l'économiste Harold Loeb, dont l'évaluation chiffresque de l'Amérique l'avait ennuyé, Cendrars expose tout un système statistique inhérent à la vie de Hollywood, qu'il va parodier plus loin. La re-présentation permet à l'auteur-reporter d'ériger Hollywood en spectacle, surtout dans la scène du tournage Ziegfeld, à laquelle je reviendrai. L'effet de condensaton est produit par une intertextualité au niveau du style et du ton, ce qui inscrit le sujet moderne du texte dans une longue tradition littéraire. Le souffle créateur prend parfois une tournure hugolienne, fidèle à la formule de Dos Passos, déjà relevée par Michèle Touret, du «grand reportage à la Victor Hugo» (*Blaise Cendrars vous parle* 638). A ce concept romantique du reportage viennent s'ajouter les allusions aux montagnes californiennes et un gigantisme dont je reparlerai.

Une apparition baudelairienne sur la fabrication des monstres sacrés surgit dans la sixième partie, «Le grand mystère du sex-appeal»:

> cortège de négresses blondes dont une noire qui s'était fait passer au henné . . . créature superbe, mais, rousse, souverainement ridicule. (452)

Cendrars manifeste souvent son étonnement face à Hollywood: «Chose curieuse, tout le monde est mécontent à Hollywood. . . . A les entendre le cinéma est foutu» (442). Ce ton incrédule rappelle celui des *Lettres persanes*: comment peut-on être Américain ou Hollywoodien? On n'a qu'à comparer l'anecdote où Cendrars se serait fait arrêter par la police parce que: «A Hollywood tout homme qui se promène à pied est un suspect» (408), à ce qu'écrit l'un des Persans de Montesquieu sur Paris: «depuis un mois que je suis ici, je n'y ai encore vu marcher personne. Il n'y a point de gens qui tirent mieux parti de leur machine que les Français» (Montesquieu 55).

Cependant Cendrars ne fait pas que rêver, il a respecté la vérité historique, concernant le baptême de Hollywood par Mrs. Wilcox, propriétaire excentrique du «Lotissement du Houx» (396-397), construit sur le site en 1887. Sur la première carte de la propriété, signée Wilcox et datée de 1887, l'emblème du houx figure à plusieurs endroits (voir Torrence 25). Cendrars n'a pas non plus inventé l'artiste français Paul Delongpré (Torrence 39-42), arrivé à Hollywood en 1899, où il s'était effectivement fait construire un magnifique palais. Mais lorsqu'on lit: «un tracé de rues qui se coupent à angle droit entre l'océan et les montagnes» (397), ne dirait-on pas précisément une description de plan ou de carte? Alain Masson avait probablement raison de suggérer que Cendrars a couru les bibliothèques au moins autant que les studios. Freiné dans son exploration de la machine-cinéma, Cendrars fit remonter ses recherches jusqu'à la préhistoire. Si les studios n'accordaient pas droit de cité au poète, le poète accorde à Hollywood une place dans l'ancienne civilisation occidentale, à cause de son site géographique «sur sept collines» (398) et du «cimetière d'éléphants» (les La Brea Tar Pits), l'assimilant ainsi à «Paris, Londres, Rome, Athènes, Pékin» (399). Toujours aussi poète, Cendrars rapproche le passé du présent par une étrange osmose: l'idée de la nuit des temps où l'homme chassait «des grands troupeaux préhistoriques» (399) réapparaît à la fin du texte, transformée en «Hollywood la nuit», où rôdent les chasseurs de stars et où les monstres sacrés de l'écran ont remplacé les mammouths. Hollywood palimpseste.

Ce que Joan Didion appelle la métaphore paléontologique implique aussi une tendance au gigantisme et à l'exagération, fréquente dans le parler américain familier; Cendrars dira «l'optique américaine» (402). Faisant du mimétisme conscient, il adopte ce style pour décrire la vie américaine, à propos, par exemple, d'un fait divers «grossi mille fois» (402), d'«une foule sans cesse grossissante» (403), de l'Amérique «la plus riche contrée du globe» (408), etc. Plus tard, dans «Pompon», il dira de Rome, où il tourne un film, qu'«elle est affligée d'éléphantiasis» (Cendrars, «Pompon» 265). En insistant sur la réaction disproportionnée du public à une histoire de cambrioleur-assassin (le fait divers) qui aurait soi-disant fasciné toute l'Amérique, Cendrars se moque de:

> la vie américaine et ses manifestations si souvent exagérées, sinon hystériques qui se déroulent comme dans un film et qui ont la plupart du temps l'air d'avoir été réglées d'avance par un metteur en scène de cinéma. (403)

Monde à l'envers où l'actualité ressemble à du mauvais cinéma alors que les décors en carton pâte des studios paraissent plus vrais que nature. Par ailleurs, Buñuel, autre étranger à Hollywood (peu avant Cendrars, en 1930-31), va s'y indigner de la banalité des scénarios (même ceux de Sternberg), dont on prévoit le dénouement dès les premières images, contrairement au fait divers de Cendrars.

Cette oscillation entre la banalité et la fascination vis-à-vis de Hollywood et de l'Amérique demeure une constante chez Cendrars, comme chez Buñuel. «J'adorais l'Amérique» (155), écrit ce dernier, tout en tournant en dérision ce Hollywood incompréhensible où on le payait pour ne rien faire. Les Américains n'avaient pas compris son cinéma surréaliste, Buñuel accable le leur d'ironie en le réduisant tout entier à un scénario volé («purloined script»):

> Dans mes moments d'oisiveté, qui n'étaient pas rares, j'avais imaginé et fabriqué une chose assez bizarre, document malheureusement perdu (j'ai perdu, donné ou jeté beaucoup de choses, tout au long de ma vie), un tableau synoptique du cinéma américain. (159)

Même dépit et même contradiction chez Cendrars. Je relève dans un seul paragraphe de *Blaise Cendrars vous parle*:

> . . . aussi ne peut-on vivre aux Etats-Unis . . . Los Angeles c'est la ville la plus mortelle des Etats-Unis. On s'y suicide en série. Et pourtant j'adore les Etats-Unis. . . . Je n'arrive pas à prendre les Américains au sérieux. (634)

Amour/haine de l'écrivain étranger qui n'a lui-même pas été pris au sérieux dans cette «nouvelle Byzance», où règne ce que Joan Didion appellera plus tard, «the Byzantine but very efficient economics of the business» (154-55); Hollywood, où selon Cendrars, «l'auteur c'est l'emm. . . On lui a payé ses droits, il n'a qu'à se taire» (435): le film *Sutter's Gold* n'était donc plus son affaire.

Si Cendrars se moque du matérialisme de Hollywood en reproduisant des statistiques—il catalogue les suicides de stars comme le fera plus tard Kenneth Anger et dresse la liste interminable des différents départements du dispositif de production cinématographique—il ne cesse cependant de transformer cette réalité au gré de sa fantaisie. Toujours fasciné par une technologie qui contribuait à la modernité de l'art, Cendrars reculait devant une Métropolis qui en écrasait la dimension humaine. Les deux chapitres sur le sex-appeal illustrent cette dualité. Le second, «Le grand mystère du sex-appeal», figurait déjà dans *Paris-Soir*. On y voit les stars réifiées, maquillées et transformées en produit de consommation comme l'*Edible Woman* de Margaret Atwood. Cendrars examine ensuite plusieurs problèmes d'actualité: la crise des stars, les jeunes qui cherchent à percer, la tyrannie des studios, les difficultés d'Ernst Lubitsch ou l'opinion de ce dernier sur la dite crise.

Par contre, l'autre texte, «Mystique ou 'sex-appeal'», ajouté après le reportage, donne libre cours à une envolée poétique à partir d'une scène de tournage. Masson précise qu'il s'agit de *The Great Ziegfeld* de R.Z. Leonard (132), biographie filmée du grand Ziegfeld, «prurit de gloire» selon Cendrars (445), et qui réalisa les célèbres «Follies» en 1911. Le glissement du titre en *The Big Ziegfeld Follie* fait place à une folie carnavalesque. Masson nous fournit une photo tirée du film, représentant l'extraordinaire édifice humain noir et blanc, érigé en spirale, décrit dans *Hollywood.* L'image ne déçoit pas, c'est un chef-d'oeuvre de kitsch. Ce spectacle spéculaire renvoie à l'écrivain, non pas à sa propre image, mais, jubilation à peine déplacée, à une page de son écriture! Il s'agit du passage du *Plan de l'Aiguille* (46), où Ivan Sabakoff, le jeune sculpteur illuminé, taillant à même la banquise, y voit une immense pyramide humaine, semblable à celle du Ziegfeld. Dans les deux cas, il y a représentation du «signifiant phallique» (Lacan); pour Ivan aussi bien que pour Cendrars, l'image désirée de l'Autre sera celle de Dan Yack. Ivan sculpte un monument-fétiche à son héros dans la glace, puis meurt écrasé par l'oeuvre. Cendrars à Hollywood s'érige lui-même en Dan Yack: face à ce raseur de Loeb «. . . tout à coup j'éclatai de rire» (415).

D'ailleurs, son aventure californienne aurait facilement pu constituer un épisode de la vie du protagoniste amateur de cinéma. L'aspect phallique du Ziegfeld, hommage à un pionnier de Hollywood, est sans équivoque: «l'énorme fût cannelé de la massive colonne centrale qui se dressait et allait se perdre dans un ciel nocturne» (446). Au sommet de la colonne, le Prométhée vu par Ivan était devenu «une adorable brunette» (447): Mireille-Gribouille, reflet narcissique de Dan Yack, retrouvé(e) dans la glace d'un nouveau texte plus androgyne que jamais. Par ailleurs, la difficulté d'écrire un texte sur Hollywood inaccessible, ne se mire-t-elle pas dans celle de sculpter dans la glace?

Autre point de mire de Hollywood et du texte de Cendrars: la ville mirage, miroir aux alouettes qui attire les adorateurs de stars et les ambitieux. C'est à ce sujet qu'apparaît dans la première partie le sens de holy = «saint» ou sacré:

> Nullement déçus et comme des fidèles aux abords d'un sanctuaire, les hommes se pressent, chacun espérant avoir la chance d'apercevoir, ne serait-ce qu'un instant ou de loin, l'objet de son amour ou de son rêve secret. (395)

Cendrars se réfère non seulement au culte qu'inspirait déjà Hollywood, mais aussi à sa propre situation. A ce niveau, son essai s'inscrit dans une série de textes plus ou moins contemporains ou parfois plus récents sur Hollywood, qu'il s'agisse de fictions, de reportages ou de reportages-fictions. Nathanael West écrivait oficiellement des scénarios pour Hollywood, lorsque parut pour la première fois en 1939 son roman *The Day of the Locust.* Les personnages de West, véritable parade de monstres, attendent tous en périphérie des studios que la chance leur sourie, en particulier la jeune Faye Greener, toute à l'obsession de devenir star. Seul un personnage secondaire, screenwriter comme l'auteur, a accès au sanctuaire et, par ce fait même, tombe dans la banalité la plus insipide:

> Claude was a successful screenwriter who lived in a big house that was an exact reproduction of the old Dupuy Mansion near Biloxi, Mississipi . . . He was a dried-up little man with the rubbed features and stooped shoulders of a postal clerk. (20)

Le héros du roman, l'artiste Tod Hackett, demeure en marge, comme Blaise. Plus tard, dans un essai/reportage de *The White Album* (1979), Joan Didion rapporte sa conversation avec une vraie Faye Greener, midinette dénichée en banlieue de Los Angeles, une certaine Dallas Beardsley, sur sa vocation de vedette:

> It means being known all over the world, she said. And bringing my family a bunch of presents on Christmas Day . . . And it means happiness, and living by the ocean in a huge house. (102-103)

Il est clair que ce genre d'utopie naïve ne se réalise que dans l'imaginaire. Plus loin, Didion détermine le vaste clivage entre le Hollywood mythique à sensation, auquel croient les touristes et écrivains de passage, et le vrai, entièrement contrôlé par les studios, où, comme Loeb, on parle surtout affaires:

> In the houses of the inheritors the preservation of the community is paramount, and it is also Universal, Columbia, Fox, Metro and Warner's. It is in this tropism toward survival that Hollywood sometimes presents the appearance of the last extant stable society. (154)

En tant que script-writer, Didion écrit en connaissance de cause, de l'intérieur. Elle donne aussi comme référence le roman inachevé de Scott Fitzgerald sur Hollywood, publié en 1941. Edmund Wilson écrit dans la préface: «*The Last Tycoon* is far and away the best novel we have about Hollywood, and it is the only one which takes us inside» (x). Le protagoniste-producteur porte le nom transparent de Stahr. Fitzgerald indique dans ses notes que «it is impossible to tell you anything of Stahr's day except at the risk of being dull» (158), ce qui confirme les remarques de Didion. Stahr ne peut d'ailleurs trouver le bonheur qu'avec l'Européenne Kathleen, précisément parce qu'elle est exclue du milieu hollywoodien.

A les lire tous, on serait tenté de conclure, comme Gertrude Stein à propos d'Oakland, que «there's no 'there' there».

Il est clair que la déception de Blaise et son besoin de recourir à l'imaginaire face à Hollywood n'ont rien d'unique. Un article de Danièle Dubroux sur les deux films déjà mentionnés vient confirmer, au sujet de Varda, tout ce que j'ai voulu dire du travail cendrarsien autour de Hollywood:

> *Murs murs* et *Documenteur* sont un exemple typique de ce que peut faire un auteur face à Hollywood. . . . un auteur comme Agnès Varda y est marginale. . . . Ce sont des fictions de solitaires errant dans un grand ensemble d'images et de sons. . . . Avec *Murs murs*, on a presque la systématisation de la position du cinéaste français face à Hollywood: avant tout c'est un vaste décor, toujours, déjà, de la représentation. (48-49)

Buñuel, Cendrars, Varda, ont tour à tour ressenti la même incongruïté à Hollywood, l'*Unheimliche* des coulisses toujours recommencées, de la parade d'un spectacle à jamais différé. Pour y puiser quelque folie salutaire, le poète a dû se tourner vers son for intérieur.

Pour conclure, je voudrais examiner de plus près la plus belle trouvaille de Blaise, l'emblème-feuille de houx qui relie son texte à la ville des stars par mille signifiés imperceptibles. Mrs Wilcox, «qui devait être une Anglaise sentimentale» (396), aurait sûrement connu le chant de Noël anglais traditionnel, «The Holly and the Ivy», dont certains vers célèbrent simultanément la nativité et la passion du Christ:

> The holly bears a prickle
> As sharp as any thorn
> And Mary bore sweet Jesus Christ
> On Christmas Day in the morn.

Le refrain:

> Of all the trees that are in the wood
> The holly bears the crown

fait allusion, bien sûr, à la couronne d'épines du Christ. Blaise adopte un schéma comparable: il commence par expliquer le baptême de Hollywood, mais, comme le dit Vanoye, il montre continuellement «la mort au travail» (193): le cimetière d'éléphants, les suicides de stars et, en clôture, la secte des flagellants avec leurs «crucifixion(s) de sang» (467).

On a déjà vu le houx comme porte-bonheur.[4] Dans le langage des fleurs, il signifie: «m'a-t-on oublié?». Question que se posait probablement un Cendrars mal reçu. En rêve, le houx signifie l'honneur bien gardé: le contrat du reportage est respecté. Le sens héraldique du houx c'est tout simplement «la vérité»! Ne serait-ce pas là «le clou» (446) du texte, comme pour Cendrars la page du *Plan de l'Aiguille* est celui du spectacle Ziegfeld?

Dans l'alphabet des arbres celte, le houx est l'arbre de la huitième lettre (*Hollywood* se divise en sept parties plus la préface), symbole de la récolte de l'orge, composante du whisky, boisson de Blaise à Los Angeles, emblème du Green Knight, adversaire de Gauvain,[5] chevalier du défi et du printemps. Cendrars arrive à Hollywood à l'époque des rites du printemps: le défi de sa quête va de soi. Suspendu dans les églises au Moyen Age, le houx y accueillait elfes et fées. Le spectacle Ziegfeld, dans ce lieu de culte, acquiert pour Cendrars des dimensions de merveilleux féerique. Les baies rouges représentent non seulement la passion et le sang du Christ, mais aussi «l'amour à mort», comme chez Saint Jean, sécularisé à Hollywood par l'hystérie des «fans» et les scénarios mélodramatiques, d'où le coeur percé d'une flèche du calligramme. Dans l'antiquité, on retrouve le houx figurant dans les Saturnales d'hiver (ancêtres du Carnaval du printemps). On y battait à mort le fou de Noël ou l'âne avec des verges de houx: encore les flagellants puis aussi les gardiens des studios qui chassent l'auteur/fou, qui les battra à son tour à coups de plume.

Si vous trouvez que tout ceci est un canular, que dire du reportage remanié de Cendrars? Regardons la dernière phrase: «Mais ceci est une autre histoire, une histoire vraie et non plus du cinéma». Si «ceci» se réfère à la secte des flagellants, Los Hermanos de Sangre Cristo et à leurs crucifixions, alors «tout le reste est littérature» (Verlaine 429) ou cinéma dans le sens de fiction pure. Nous voici loin du reportage «de la réalité». Cendrars aurait presque pu écrire *Hollywood* sans y aller. J'ai composé ceci sans avoir vu les deux films de Varda, malheureusement très difficiles d'accès, sans avoir pu me procurer à temps les dessins de Jean Guérin et surtout sans être jamais entrée dans aucun studio hollywoodien, sans doute pour en préserver le mystère. C'est pour la même raison, j'imagine, que Cendrars, «Le mec du cinéma», n'a voulu d'aucune photo pour illustrer son reportage (392). Mais il est temps de m'arrêter. Si on veut se servir du mot «houx» pour battre les ânes, pourquoi pas, puisqu'il ressemble, à une lettre près, au mot anglais «hoax», qui signifie bien . . . canular?

Post-scriptum

Quand tu aimes il faut partir.
Blaise Cendrars,
«Tu es plus belle que le ciel et la mer» (11)

Le petit voyage qui vient de se terminer n'est qu'un commencement, une ouverture, un appel à faire d'autres voyages, à essayer d'«aller jusqu'au bout». Il nous a fait régresser dans le temps jusqu'à Platon, puis nous a entraînés au loin dans l'espace, vers l'est à Saint Pétersbourg, vers l'ouest à New York puis Los Angeles, vers le sud jusqu'en Antarctique et à Chiloë.

Poète chassé de la cité par Platon, poète qui s'est lui-même précipité par la portière d'un wagon, pour atterrir dans la prose, Cendrars affectionnait les grandes villes, les ports, les villes canailles, aux quatre coins du monde. Les titres des onze chapitres de *Bourlinguer* en témoignent: Venise, Naples, la Corogne, Bordeaux, Brest, Toulon, Anvers, Gênes, Rotterdam, Hambourg et «Paris, Port-de-Mer». Tous ont des sous-titres, qui les relient en quelque sorte à l'art, à l'écriture et à l'imaginaire, et dont le plus frappant demeure celui de «Paris, Port-de-Mer»: La plus belle bibliothèque du monde . . . le dépaysement chez Cendrars, tout bourlingueur qu'il ait été, se fait souvent par la lecture, puis par l'écriture.

Une ville manque à l'appel de *Bourlinguer*, la plus séduisante et la plus gueuse, la plus mystérieuse et la plus familière, celle où Cendrars se perd et se reconnaît: Marseille. Personne n'a su décrire ce lieu insaisissable comme Cendrars dans *L'Homme foudroyé*, les Marseillais eux-mêmes le disent. Pendant la guerre de 1939-45, Cendrars habitait Aix-en-Provence: «Je n'ai jamais habité Marseille» (*L'Homme foudroyé* 58); Marseille resta pour lui un ailleurs, un lieu de visite dont la séduction secrète le gagna progressivement. Cette ville de contrastes inspira certaines des plus belles pages poétiques du romancier/journaliste; elle lui renvoyait sans doute une image composite de lui-même et de son oeuvre disparate:

> [. . .] Ce n'est pas une ville d'architecture, de religion, de belles-lettres, d'académie ou de beaux-arts. Ce n'est point le produit de l'histoire, de l'anthropogéographie, de l'économie politique, royale ou républicaine. Aujourd'hui elle paraît embourgeoisée et populacière. Elle a l'air bon enfant et rigolarde. Elle est sale et

> mal foutue. Mais c'est néanmoins une des villes les plus mystérieuses du monde et des plus difficiles à déchiffrer.
>
> Je crois tout simplement que Marseille a eu de la chance, d'où son exubérance, sa magnifique vitalité, son désordre, sa désinvolture. Oui, Marseille est selon mon coeur, et j'aime qu'elle soit sise dans une des plus belles assiettes du rivage de la Méditerranée, elle a l'air de tourner le dos à la mer, de la bouder, de l'avoir bannie hors de la cité (la Canebière ne mène pas à la mer mais s'en éloigne!) alors que la mer est sa seule raison d'être . . . (*L'Homme foudroyé* 58-59)

On aura remarqué que Cendrars utilise la même expression que dans «Ma Danse» à propos de Platon, qui «n'accorde pas droit de cité au poète», l'appliquant à Marseille qui bannit la mer «hors de la cité», vision post-lapsarienne du poète/Protée, «[se] transformant à l'image de l'eau fluide» (Ovide: 224). Marseille ville-mirage, voyeuse et voyante, mirant à son tour le poète en mouvement perpétuel, ville médiatrice d'une écriture toujours changeante.

«Malgré leur bavardage, à Marseille les gens sont secrets et durs. Dieu que cette ville est difficile!» (*L'Homme foudroyé* 61). Diable que Cendrars est difficile! Plus on croit le tenir, plus il se dérobe . . .

Georgiana M.M. Colvile
Aix-en-Provence, août, 1993

NOTES

Introduction

[1] Cendrars/Lévesque, *Correspondance* 297. Lettre de Blaise Cendrars à Jacques Henry Lévesque, Aix-en-Provence, 4/1/1945.

[2] *Dictionnaire de la Mythologie grecque et romaine* 265, article sur Protée.

Le poète

«Ma Danse»: Art poétique et mouvement perpétuel

[1] Le titre de cet ouvrage reprend celui d'un chapitre d'*Ainsi parlait Zarathoustra* de Nietzsche.

[2] Pour plus de détails concernant la publication et les différentes versions du poème, voir Goldenstein 48-50. Voir aussi ma première étude du poème dans *Vers un langage des arts vers les années vingt* 76-91.

[3] Les termes «objets partiels», «projeté» et «introjecté» sont ceux de Melanie Klein.

[4] Voir, à propos de cette homophonie, Mehlman 31-35.

[5] Dans la traduction anglaise, le double sens est maintenu: «Let us kill the spirit of gravity» (45).

[6] Ma traduction. Voici le texte en anglais: «. . . the feeling of strangeness that overcomes the actor before the camera, as Pirandello describes it, is basically of the same kind as the estrangement felt before one's own image in the mirror».

Cris d'outre-Atlantique: *Les Pâques à New York* de Blaise Cendrars et *Howl* d'Allen Ginsberg

[1] Pour Cendrars voir Décaudin: «Son arrivée dans la poésie française à la fin de 1912 a été représentée comme l'irruption iconoclaste d'un barbare . . .» (13). Pour Ginsberg, Tytell appelle Ginsberg et ses compagnons «ecstatic iconoclasts» (259).

[2] Voir aussi Chefdor 36.

[3] Chefdor a déjà fait le rapprochement avec la «Ballade des dames du temps jadis» de Villon (40).

[4] Trad. de Allen Ginsberg, «Notes for *Howl and Other Poems*», Allen et Tallman 318.

[5] Ginsberg, *Collected Poems 1947-1985* 180-82. *Kaddish* et d'autres poèmes (dont «At Apollinaire's Grave» [«Au tombeau d'Apollinaire»], traduit par Mary Beach, adapté par Claude Pélieu, dans le même volume que *Howl* (201)).

[6] Lettre du poète Ron Padgett à Georgiana Colvile, 15 septembre 1985: «Il s'est trouvé que j'ai rencontré Allen Ginsberg l'autre soir. Je lui ai donc posé ta question sur B.C. Il m'a dit que C. l'avait influencé, mais essentiellement par le Transsibérien dans

la traduction de Dos Passos, que Kenneth Patchen lui avait envoyée dans l'édition de Black Sun [. . .] ce qui fut environ un an après la composition de *Howl* [. . .]

Il a eu l'air perplexe quand je lui ai parlé des *Pâques*—en fait il n'en avait aucun souvenir . . .

Finalement, il dit qu'il n'a jamais rencontré Cendrars [. . .]» (ma traduction).

[7] *Leaves of Grass* 129; *Chant de la grand-route* 259.

Le romancier

Dan Yack et les machines

[1] Terme emprunté à Deleuze et Guattari.

[2] D'après les définitions du *Webster's Third International Dictionary*.

[3] Voir, par exemple, Lasch.

[4] Terme lacanien; voir «Le stade du miroir».

[5] Terme de Melanie Klein, repris par Deleuze et Guattari (52).

[6] Term kleinien, cf. note 5.

[7] Détail relevé et analysé par Mehlman 31-32.

[8] Terme emprunté à Hutcheon.

La Mère Gigogne et le Père Carnaval: Vêtements, travestissements et masques dans *Moravagine, Dan Yack* and *Emmène-moi au bout du monde!*

[1] Voir, par exemple, Bellstrom.

Deux anti-romans (post)modernes: *Dan Yack* de Cendrars et *Second Skin* de John Hawkes

[1] Le roman a été écrit entre 1917 et 1929.

[2] Pour une analyse plus approfondie des techniques narratives de *Second Skin*, voir l'article de Mathé.

Le journaliste

Feuille de houx/oeil de fou: le *Hollywood* de Blaise Cendrars

[1] «Wood(e)» signifiait «fou» en vieil Anglais (= «mad, furious, raging»), origines gothique et celte. Voir Skeat.

[2] Ici, j'ai utilisé l'édition des *Oeuvres complètes IV*. *Hollywood* a été publié pour la première fois par Grasset en 1936 et réédité en 1987 par Ramsey-Poche, avec les illustrations de Jean Guérin.

[3] Voir aussi le chapitre 4, «The Americas», 68-78.

[4] Pour l'interprétation symbolique et folklorique du houx, telle que je l'expose dans ce paragraphe, voir l'article «Holly», dans *Jobes Dictionary of Mythology, Folklore and Symbols: Part I* 78.

[5] Voir «Sir Gawain and the Green Knight».

OEUVRES CONSULTÉES

Introduction

Cendrars, Blaise. *Bourlinguer*. Paris: Denoël, 1948.

——. *Du Monde entier. Poésies complètes 1912-1924*. Paris: Gallimard nrf, 1967.

——. *Le Plan de l'Aiguille. Oeuvres complètes* III. Paris: Denoël, 1960. 6-124.

——. «Le Ventre de ma mère». *Au Coeur du monde. Poésies complètes 1924-1929*. Paris: Gallimard nrf, 1992.

——. *Les Confessions de Dan Yack. Oeuvres complètes* III. Paris: Denoël, 1960. 127-228.

——. *Vol à voile*. Lausanne: L'Age d'Homme, Collection Poche Suisse.

—— et Jacques Henry Lévesque. *Correspondance 1924-1959. «J'écris écrivez-moi»*. Texte établi et présenté par Monique Chefdor. Paris: Denoël,1991.

Dictionnaire de la Mythologie grecque et romaine. Paris: Larousse, 1965.

Ovide. *Les Métamorphoses* VIII/488-489. Paris: Garnier-Flammarion, 1966.

LE POÈTE

«Ma Danse»: Art poétique et mouvement perpétuel

Benjamin, Walter. *Illuminations*. New York: Schocken Books, 1969.

Béjart, Maurice. *L'Autre Chant de la danse*. Paris: Flammarion, 1974.

Céline, Louis Ferdinand. *Rigodon*. Paris: Gallimard, 1969.

Cendrars, Blaise. «L'ABC du Cinéma». *Aujourd'hui. Oeuvres complètes* IV.

——. *Bourlinguer*. Paris: Gallimard, 1948.

——. «La Prose du Transsibérien et de la Petite Jehanne de France». 1913. *Oeuvres complètes I*. Paris: Denoël, 1963. 20-33.

Colvile, Georgiana M.M. *Vers un langage des arts autour des années vingt*. Paris: Klincksieck, 1977.

Derrida, Jacques. *L'Ecriture et la différence*. Paris: Editions du Seuil, 1967.

Diderot, Denis. *Le Neveu de Rameau*. Paris: Larousse, 1966.

Eliot, T.S. «Burnt Norton». *Collected Poems 1909-1962*. London: Faber & Faber, 1975.

Epstein, Jean. *Ecrits sur le cinéma I*. Paris: Seghers, 1974.

Goldenstein, Jean-Pierre. *19 Poèmes élastiques de Blaise Cendrars*. Paris: Méridiens Klincksieck, 1986.

Mehlman, Jeffrey. «The Floating Signifier». *Yale French Studies* 48: 31-35.

Metz, Christian. «Le Signifiant imaginaire» (première version). *Communications* 23 (1975): 36.

Nietzsche, Friedrich. *Ainsi parlait Zarathoustra*. Trad. Henri Albert. Paris: Mercure de France, 1952.

——. *Le Gai Savoir*. Paris: 10/18, 1957.

——. *Thus Spake Zarathustra*. New York: MacMillan, 1916.

Cris d'outre-Atlantique: *Les Pâques à New York* de Blaise Cendrars et *Howl* d'Allen Ginsberg

Bozon-Scalzitti, Yvette. *Blaise Cendrars et le Symbolisme*. Paris: Lettres Modernes, «Archives des lettres modernes» 137, 1972.

Cendrars, Blaise. *Prose du Transsibérien et de la petite Jehanne de France* (1913). Dans *Du Monde entier. Oeuvres complètes I*. Paris: Denoël, 1963: 20-33.

Chefdor, Monique. *Blaise Cendrars*. Boston: Twayne Publishers, 1980.

Durry, Marie-Jeanne. *Guillaume Apollinaire Alcools*. T. I. Paris: SEDES, 1978.

Décaudin, Michel. «De la difficulté d'être Blaise Cendrars». *Europe* (juin 1976): 13.

Ginsberg, Allen. *Collected Poems 1947-1985*. New York-London: Viking Press, 1985.

—— *Howl, Kaddish*. Trad. Robert Cordier et Jean-Jacques Lebel. Paris: Christian Bourgois, «10/18», 1977. Edition utilisée.

——. Interviewé par Thomas Clark. Dans Christine Tysh. *Allen Ginsberg*. Paris: Seghers, 1966.

——. Interviewé par Yves Le Pellec, *Entretiens* 34 (1975), «Beat Generation».

——. «Notes for *Howl and Other Poems*». *The Poetics of the New American Poetry*. Ed. Donald Allen et Warren Tallman. New York: Grove Press, 1973.

Hunsberger, Bruce. «Kit Smart's Howl». *On the Poetry of Allen Ginsberg*. Ed. Lewis Hyde. Ann Arbor: University of Michigan Press, 1984. 158-70.

Kerouac, Jack. *The Dharma Bums*. New York: Signet Classics, 1959. *Les Clochards célestes*. Trad. Marc Saporta. Paris: Gallimard, «Folio», 1963.

Parrot, Louis. *Blaise Cendrars*. Paris: Seghers, 1971.

Tytell, John. *Naked Angels. The Lives and Literature of the Beat Generation*. New York: McGraw Hill, 1976.

Whitman, Walt. *Leaves of Grass*. London-New York: Everyman's Library 573, 1950. *Chant de la grand-route*. Choix de poèmes. Trad. Pierre Messiaen. Paris: Aubier-Montaigne, 1951.

Williams, William Carlos. «Howl for Carl Solomon». Préface à *Howl and Other Poems* d'Allen Ginsberg. San Francisco: City Lights, 1956. 7-8. (*Howl* 8).

LE ROMANCIER

***Dan Yack* et les machines**

Baudrillard, Jean. *Le Système des objets*. Paris: Gallimard, 1968.

Beckett, Samuel. *La Dernière Bande*. Paris: Editions de Minuit, 1959.

Bioy Casarès, Adolfo. *L'Invention de Morel*. Trad. de l'argentin par Armand Pierhal. Paris: Robert Laffont (10/18), 1973.

Cage, John. *Pour les oiseaux*. Entretiens avec Daniel Charles. Paris: Belfond, 1976.

Carrouges, Michel. «Mode d'emploi». *Catalogue de l'Exposition Les Machines Célibataires*. Venise: Alfieri, 1976. 21-22.

Cendrars, Blaise. *Oeuvres complètes* III. Paris: Denoël, 1960. (*Le Plan de l'Aiguille* 6-124; *Les Confessions de Dan Yack* 127-228).

Deleuze, Gilles et Félix Guattari. *L'Anti-Œdipe*. Paris: Editions de Minuit, 1975.

Gorsen, Peter. «La Machine Humiliante de l'escalade d'un nouveau mythe». *Catalogue de l'Exposition Les Machines Célibataires*. Venise: Alfieri, 1976. 130.

Hutcheon, Linda. «Modes et formes du narcissisme littéraire». *Poétique* 29 (février 1977): 90-106.

Lacan, Jacques. *Ecrits I*. Paris: Le Seuil, 1961.

Laplanche, Jean. *Vie et mort en psychanalyse*. Paris: Flammarion, 1970.

Lasch, Christopher. *The Culture of Narcissism*. London: Abacus, 1980.

Mehlman, Jeffrey. *A Structural Study of Autobiography*. Ithaca-London: Cornell University Press, 1974.

La Mère Gigogne et le Père Carnaval: Vêtements, travestissements et masques dans *Moravagine, Dan Yack* et *Emmène-moi au bout du monde!*

L'Avant-Scène Cinéma 254 (15 octobre 1980): 9.

Bellstrom, Stephen K. «The Beckoning Void in *Moravagine*». *Studies in Twentieth Century Literature* 3.2 (Spring 1979): 173-85.

Bozon-Scalzitti, Yvette. *Blaise Cendrars ou la passion de l'écriture*. Lausanne: L'Age d'Homme, 1977.

Cendrars, Blaise. *Bourlinguer*. Paris: Denoël, Livre de Poche, 1948.

——. *Du Monde entier*. Poésies complètes 1912-1924. Poème élastique n° 6: «Sur la robe elle a un corps». Paris: Gallimard, 1946.

——. *Emmène-moi au bout du monde!* Paris: Denoël, Ed. Folio, 1956.

——. *Le Plan de l'Aiguille* et *Les Confessions de Dan Yack*. *Oeuvres complètes* III. Paris: Denoël, 1960.

——. *Moravagine*. Paris: Grasset, Les Cahiers Rouges, 1926.

Gaignebet, Claude. *Le Carnaval*. Paris: Payot, 1974.

Gauthier, Xavière. *Surréalisme et sexualité*. Paris: Gallimard, Collection Idées, 1971.

Green, André. *Narcissisme de vie, narcissisme de mort*. Paris: Editions de Minuit, 1983.

Jakobson, Roman. *Essais de linguistique générale*. Paris: Editions de Minuit, Points, 1963.

Lemoine-Luccioni, Eugénie. *La Robe. Essai psychanalytique sur le vêtement*. Paris: Editions du Seuil, 1983.

Monneyron, Frédéric. «L'Androgyne aujourd'hui». *L'Androgyne, Cahiers de l'Hermétisme*. Paris: Albin-Michel, 1986. 249-55.

Pizzorno, Alessandro. «Le Masque». *Cahiers Renaud-Barrault* 31 (November 1960): 143-69.

Reverdy, Pierre. «Fétiche». *Plupart du temps*. Paris: Flammarion, 1967.

Russo, Mary. «Female Grotesques, Carnival and Theory». *Feminist Studies Critical Studies*. Ed. Teresa de Lauretis. Bloomington: Indiana University Press, 1986. 213-29.

Turner, Victor. «Frame, Flow and Reflection». *Performance and Postmodern Culture.* Ed. Michel Benamou et Charles Caramello. Milwaukee: Coda Press, 1977. 33-55.

Deux anti-romans (post)modernes: *Dan Yack* de Cendrars et *Second Skin* de John Hawkes

Cendrars, Blaise. *Les Confessions de Dan Yack. Oeuvres complètes III.* Paris: Denoël, 1960.

Clark, Arthur C. *2001, A Space Odyssey.* New York: Signet, 1968, 1982.

Dumay, Raymond. Préface à *Dan Yack. Oeuvres complètes V.* Paris: Club Français du Livre.

Frost, Lucy . «Awakening Paradise». *Studies in Second Skin.* Columbus Ohio: Charles E. Merrill Studies, 1971.

Gass, William. «Tropes of the Text». *Delta* (April 1982).

Green, André. *Narcissisme de vie, narcissisme de mort.* Paris: Editions de Minuit, 1983.

Hawkes, John. *Second Skin.* New York: New Directions, 1964.

«John Hawkes: An Interview». *Studies in Second Skin.* Columbus Ohio: Charles E. Merrill Studies, 1971. 26.

Leroy, Claude. «Le Jeu dans l'île». *Cendrars aujourd'hui, présence d'un romancier.* Paris: Minard, Lettres Modernes, 1977. 126.

Mathé, Sylvie. «Mon évocation à travers un verre doré: l'énonciation dans *Cassandra* de Hawkes». *Poétique* 44 (novembre 1980): 504-15.

Parrot, Louis. *Blaise Cendrars.* Paris: Seghers, 1948, 1971.

Sontag, Susan. *On Photography.* New York: Delta, 1973, 1982.

Weber, Samuel. «The Divaricator: Remarks on Freud's Witz». *Glyph* I (1977:) 26.

Le journaliste

Feuille de houx/oeil de fou: le *Hollywood* de Blaise Cendrars

Anger, Kenneth. «The Magic of Self-Murder». *Hollywood Babylon II.* New York: Plume, 1985. 203-57.

Apollinaire, Guillaume. «Palais». *Alcools.* Paris: Gallimard-nrf, 1920.

Atwood, Margaret. *The Edible Woman.* 1969. Toronto: McClelland & Stewart, 1986.

Bochner, Jay. *Blaise Cendrars, Discovery and Recreation.* Toronto: University of Toronto Press, 1978.

Buñuel, Luis. «L'Amérique». *Mon dernier soupir.* Paris: Robert Laffont, 1982. 154-66.

Cendrars, Blaise. *Blaise Cendrars vous parle. Oeuvres complètes VIII.* Paris: Denoël, 1965.

——. *Hollywood. Oeuvres complètes IV.* Paris: Denoël, 1962.

——. «L'ABC du cinéma». *Aujourd'hui. Oeuvres complètes IV.* Paris: Denoël, 1962.

——. *Le Plan de l'Aiguille. Oeuvres complètes III.* Paris: Denoël, 1964.

——. «Pompon». *Trop, c'est trop. Oeuvres complètes VIII.* Paris: Denoël, 1965.

Cendrars, Miriam. *Blaise Cendrars.* Mesnif sur l'Estrée: Balland, 1984.

Chefdor, Monique. *Blaise Cendrars*. Boston: Twayne, 1980.

Colvile, Georgiana. «La Mère Gigogne et le Père Carnaval: vêtements, travestissements et masques dans trois romans de Blaise Cendrars». *SUD: Actes du Colloque de Cerisy* (octobre 1988): 167-85.

Didion, Joan. «In Hollywood». *The White Album*. New York: Pocket Books, 1979.

Dubroux, Danièle. «Un Auteur face à Hollywood». *Cahiers du Cinéma* 331 (1982): 48-49.

Fitzgerald, F. Scott. *The Last Tycoon*. Preface de Edmund Wilson. New York: Scribner's, 1941.

Gaignebet, Claude. *Le Carnaval*. Paris: Payot, 1974.

Hugo, Victor. «Guitare». *Oeuvres complètes I*. Paris: Gallimard, 1964.

Masson, Alain. «Cendrars, le cinéma et les films». *Blaise Cendrars*. Ed. Jean-Marc Debenedetti. Paris: Veyrier, 1985. 123-42.

Jobes Dictionary of Mythology, Folklore and Symbols: Part I. New York: Scarecrow, 1961.

Lacan, Jacques. «La signification du phallus». *Ecrits II*. 1957. Paris: Seuil, 1981.

Montesquieu. *Lettres persanes*. Paris: Garnier, 1960.

Parrot, Louis. *Blaise Cendrars*. Paris: Seghers-Collection Poètes d'Aujourd'hui, 1948-71.

«Sir Gawain and the Green Knight». *The Arthurian Legends*. U.K.: Dorset Press, 1979. 114-34.

Skeat, Rev. Walter. *An Etymological Dictionary of the English Language*. Oxford: Clarendon Press, 1910.

Torrence, Bruce. *Hollywood The First Hundred Years*. New York: Zoetrope, 1982.

Touret, Michèle. «Cendrars reporter». *Sud: Actes du Colloque de Cerisy* (octobre 1988).

Vanoye, Francis. «Le cinéma de Cendrars». *Europe* (juin 1976): 183-96.

Varda, Agnès *Murs, murs*. Paris ciné Tamaris, Antenne 2 et Janus, 1980. *Documenteur*. Paris ciné Tamaris, 1981.

Verlaine, Paul. «Art poétique». *Anthologie de la poésie française*. Paris: Hachette-Georges Pompidou, 1961.

West, Nathanael. *The Day of the Locust*. 1957. *Complete Works*. London: Penguin, 1981.

Post-scriptum

Cendrars, Blaise. *L'Homme foudroyé*. Paris: Denoël, 1945.

——. «Tu es plus belle que le ciel et la mer». *Au Coeur du monde. Poésies complètes 1924-1929*. Paris: Gallimard, 1947.

TABLE DES MATIÈRES